• 이제도 있고 전에도 있었고 •

장차 올 자
예수 그리스도!

| 제 1 권 |

과학자였던 서사라 목사의

천국과 지옥 간증 수기

하늘빛출판사

• 이제도 있고 전에도 있었고 •

장차 올 자
예수 그리스도!

| 제 1 권 |

과학자였던 서사라 목사의
천국과 지옥 간증 수기

목차

Part 2   나의 예수믿게 된 동기와 하나님의 부르심

추천서 1

"너는 마음에 근심하지마라 하나님을 믿으니 또 나를 믿으라 내 아버지 집에는 거할 곳이 많도다. 만일 그렇지 아니하였으면 내가 너희에게 이르지 아니 하였을 것이다. 내가 너희를 위하여 한 장소를 마련한 뒤에 내가 다시 와서 너희를 데려가 내가 있는 곳에 너희도 있게 하리라." (요14:1~3)

하나님을 믿고 사랑하는 모든 그리스도인은 소망을 가지고 있습니다. 그 소망가운데 제일 큰 소망중의 하나는 바로 천국의 소망입니다. 험한 세상 고난과 근심에 쌓인 나그네 인생길에 우리의 유일한 소망임에 틀림없습니다. 오늘 이 소망을 우리에게 밝게 비추어 주는 하나의 희망으로 다가오는 빛이 있습니다.

이 책은 오랫동안 의학을 전공하시고 과학자로서 활동해 오시고 미국 명문 브라운대학에서 생물학 박사 학위까지 취득한 존경하는 서사라 목사님께서 하나님의 큰 은혜를 입어 다시 신학을 공부하시고 기름부음을 받아 목회자로 사역하시다 지난해 2013년 11월 부터 하나님의 특별한 계시의 두루마기를 덧입고 천국의 황홀하고 엄청난 영광과 지옥의 무시무시한 광경들을 보고, 듣고, 느끼고, 깨닫게 해 주신 것을 생명의 말씀에 의지하여 하나하나 자세히 기록하였기에 얼마나 많은 은혜가 큰지 알 수 없습니다.

하루 하루 적게는 5~6시간의 혼신을 다한 기도하는 경건의 삶으로 이루어진 하나님의 크신 은혜로 인한 천국의 계시는 얼마나 성경적이고 사실적인 은혜로 가슴에 다가 오는지 말로 표현하기에는 부족하다고 생각되어 집니다. 하나님 앞에서는 부족한 여종이지만 하나님께서 이 여종을 통하여 신비한 천국의 소망을 보여주는 비전은 참으로 말씀적이며 신령하다고 하지 않을 수 없습니다.

믿는 자는 믿는 자로, 의심이 있는 자는 의심 있는 대로, 불신자는 불신자 대로 서 목사님의 간증을 읽기만 하면 큰 은혜를 끼칠 것이며 신앙의 전도용으로 크게 쓰임 받게 될 것을 의심치 않습니다.

바라기는 말세지말에 많은 분들이 읽고 천국을 확신하고 소망을 가지게 되기를 간절히 바라는 마음으로 이 간증의 책을 추천하는 바입니다. 주님께 모든 영광을! 할렐루야!!!

중앙선교교회 담임목사 박요한 목사

park111151@hotmail.com | 미국 남가주 목사회 증경회장(39대) | 남가주대학 (U.S.C. Honor PhD 박사)

추천서 2

　서사라 목사님을 알게 된 것이 지난 해 11월 1일이었습니다. 제
가 서사라 목사님을 알게 된 것은 참으로 주님의 은혜였습니다. 하
나님은 사람의 만남을 주장하시고 결코 우연히 만나게 하지 아니하
신다는 것을 알게 되었습니다.

　우연히 어떤 목사님과의 통화로 알게 된 서 목사님은 참으로 어
린 양처럼 순수하였고 그 삶에 거짓이 없이 살고자 힘쓰는 목사님
이었습니다. 비록 저는 한국에 있고 서 목사님은 미국에 있었지만
카톡으로 많은 통화를 했었습니다.

　천국과 지옥에 대하여서도 나누었고 앞으로 우리가 해야 할 사역
에 대하여도 나누었고 또한 서 목사님은 날마다 천국과 지옥에 대
한 것을 보고 와서 나와 통화하면서 하나님께서 서 목사님에게 보
여주신 계시들을 우리가 어떻게 해야 좋을 것인지에 대하여도 많이
의논하기도 하였습니다.

　예를 들어서 한국전쟁에 대한 계시를 계속하여 주님이 계시를 주
실 때에는 우리는 한국에서 미국에서 같이 한국을 위하여 많이 기
도하였습니다. 어떻게 해야 할지…… 아니 정확히 말하여 우리가
어떻게 이 주님의 계시를 사람들에게 알려야 할지 우리는 어떻게

기도를 해야 할지 등등에 대하여 말입니다.

주님 안에서 우리는 참으로 동역자임을 확신합니다.

우리는 사람들에게 어찌하면 천국과 지옥에 대하여 더 알려서 정말 한사람이라도 더 회개하고 꼭 천국에 들어갈 수 있도록 의논하고 기도하기도 하였습니다.

그리고 서 목사님이 천국에 가서 주님으로부터 직접 받은 계시 즉 인체에 들어가는 칩이 666이 맞다는 계시는 참으로 우리에게 도움을 준다고 아니할 수 없는 것입니다. 왜냐하면 지금 한쪽에서는 인체에 들어가는 칩이 666이다 또 다른 한쪽에서는 666이 아니다 라고 의견이 갈라지는 이 시점에서 우리는 주님이 우리에게 주신 말씀을 받아야 할 것입니다. 나는 이 책이 그냥 하나의 간증으로 그치지 아니하고 우리 모두가 천국에 들어가기 위하여 이 책을 통하여 자신을 비추어보고 회개하며 결코 우리에게 666을 강요하는 시대가 오더라도 결코 받지 아니하는 자들이 되어져서 모두가 다 천국에 입성하기를 주의 이름으로 기도합니다. 할렐루야. 이 모든 것을 서목사님을 통하여 또 한번 우리에게 알게 하신 주님을 찬양합니다.

에바다 기도원 **백운권** 목사

천국과 지옥을 보게 된 동기

나는 현재 미국 로스엔젤레스에서 9년째 조그만 교회의 담임목사로 주님의 몸을 섬기고 있다. 또한 약 4년 전부터는 주님의 음성에 순종하여 로스엔젤레스에서 LA 새사람 영성 훈련원 원장으로 일하고 있다. 언제나 우리들의 교회의 주인은 하나님이시므로 교회를 섬기는 우리 종들은 정말 주님 앞에서 늘 무익한 종으로 남아야 할 것이다. 다만 무익한 종으로서 주님이 보내주시는 영혼들을 최선을 다하여 주님 오시는 그 날까지 섬길 뿐이다. 그렇게 주님을 섬기는 중에 나에게도 정말 천국과 지옥을 보고 싶은 강렬한 추구가 생겨났다. 왜냐하면 로스엔젤레스에 살면서 전도사 시절부터 노방전도를 10년 이상을 해오면서 내 마음속에는 영혼들을 사랑하는 불이 더욱 타오르면서 내 안에 간절한 소원이 생겨난 것이다.

'주님 제게 천국과 지옥을 보여주신다면 제가 더 확실히 잘 전할 수 있을 것 같아요' 하는 마음으로 주님께 기도하기 시작하였다. '주님 저에게도 천국과 지옥을 좀 보여 주세요! 하면서......' 그렇게 추구하고 사모하는 마음으로 인터넷에 떠 있는 여러 사람들의 천국과 지옥 간증들을 많이 들었다. 어떤 목사님은 천국과 지옥을 보고 싶어서 7년을 기도하여서 보게 되었다고한다. 그래서 나도 주님께 기도하기 시작하였다.

'주님 7년 기도해서라도 천국과 지옥을 볼 수만 있다면 보게 하여 주옵소서!.....'

그런데 얼마 안 되어서 과거에 천국과 지옥을 본 경험이 있으신 어떤 목사님과 통화가 되었다. 천국에 가면 어떤 것을 볼 수 있고 또한 천국으로 입신하였을 때에 우리의 몸은 어떠한지 등등에 대하여 물었다. 그러던 중에 나는 내 영이 천국으로 가버린 것이다. 하나님이 나의 사모함과 또한 철저히 회개함과 또한 기름부음이 있는 그 목사님과의 통화를 통하여 그냥 내 영이 천국과 지옥을 보게 하신 것이다. 그 때가 처음으로 천국과 지옥을 내 영이 가서 보게 되었다. 그리고 나는 하나님의 은혜로 천국과 지옥을 계속하여 보게 되었다.

처음에는 과연 내가 천국을 실제로 보고 있는지 의심스럽기도 하였다. 그러나 날이 갈수록 천국을 보면 볼수록 하나님은 내가 실제로 천국을 보고 있다는 것을 주님이 직접 나만 아는 방법으로 깨우쳐 주셨다. 그 이야기가 이 책에 다 적혀 있다. 예를 들자면 이전에 잠깐 잠깐 영적 체험한 일들을 천국에서 다시 하나님께서 말씀하여 주시거나 믿음의 선진들을 직접 만나게 하여 주셔서 확인케 하시는 것이었다.

나는 천국을 방문하면서 많은 믿음의 선진들을 만났다. 그들을 만나 대화한 것은 참으로 나에게는 감격적이었다. 나는 정말 내가 영원히 천국에 가는 그날에 그들을 다시 만날 것을 기대한다. 지금 내가 그들을 만나고 있는 그대로 말이다.

영의 세계는 정말 실제로 존재한다. 천국과 지옥이 정말로 있는 것이다. 분명히 존재하는 영적인 세계를 우리가 철저히 회개하고 사모하고 추구하면 하나님께서 보여 주신다. 나는 지옥을 보여 달라고 하지도 아니하였는데 하나님은 내게 지옥도 열어 주셔서 보게 하셨다. 불신자들이 가는 지옥은 너무나 생생하게 주님이 보여 주셨다. 나는 우리가 영의 세계를 보지 못하는 이유는 전적으로 우리에게 문제가 있는 것이다. 왜냐하면 영의 세계가 확실히 있기 때문이며 존재하기 때문이다.

하나님은 우리가 철저히 회개하고 하나님 앞에서 잘못된 모든 삶을 돌이키면 우리는 영적인 존재이므로 우리의 영이 영적인 세계를 볼 수 있는 것이다.

어떤 사람들은 이렇게 말한다. 하나님은 아무나에게 보여주시는 것이 아니라 특정한 사람에게만 보여주는 것이라고..... 나는 이점에 대하여서는 정말 잘 모르겠다. 내가 보게 된 것은 전적으로 내가 철저히 회개하였으며 그리고 사모하고 추구하였을 뿐이다. 그런데 주님이 열어주신 것이다.

그러나 약 18년 전에 이런 일이 있었다. 어느 기도원에서 밤에 12시부터 아침 5시까지 산등성이에서 방언으로 기도할 때였다. 하나님께서 내 머리위로 하늘이 열리게 하시려고 하는 것을 억지로 닫은 적이 있다. 왜냐하면 그 때에는 내가 그것을 보면 교만하여지게 될까봐 겁이 났던 것이다. 그래서 닫아 버렸다. 그러나 18년이 지난 후에 나에게는 절대적으로 보고 싶은 추구가 생겨난 것이다. 그리고 주님은 내게 천국과 지옥을 보게 하신 것이다.

천국은 처음에는 흑백으로 보였다. 그러나 자꾸 가 볼수록 모든 것이 총천연색으로 보이고 자세히 보이기 시작하였다. 하나님은 철저히 회개하는 자를 기뻐하신다. 회개가 덜 되었거나 불순한 생각을 하거나 혹은 죄를 지었거나 하면 천국과 지옥이 나에게 열리지 아니한다. 아니 볼 수가 없다. 열리지가 않는다. 하루에 기도를 최소한 5~6시간을 하면서 나를 씻어내고 또 씻어내어야 했다. 꼭 천국과 지옥을 보기 위하여 5~6시간 기도의 삶을 살은 것이 아니라 나는 평상시에 이렇게 기도하는 삶을 살았다. 그리고 천국과 지옥을 보기 위하여서는 주님께서 싫어하시는 삶은 돌이켜야 했다. 그러면서 나는 천국과 지옥을 거의 매일 올라 다니면서 보이는 것을 기록하기 시작하였다. 그리고 주님이 원하셔서 이 책을 쓰게 되었다.

이 책은 날짜대로 차례로 기록하여 제 1권이다. 이 책이 나올 때쯤이면 나는 제 2권을 준비하고 있을 것이다. 제 2권에는 하나님께서는 내가 도저히 생각지도 아니한 한국전쟁에 대한 계시를 천국에서 보여 주신 것부터 시작된다. 우리는 지금 분명 마지막 시대를 살고 있다. 주님은 곧 오신다. 우리는 곧 그분이 오실 것을 준비하면서 끝까지 믿음을 지키는 삶을 살아야 할 것이다. 더 좋은 것은 주님오시는 그날에 주님의 신부들로서 휴거되어지는 것이다. 하나님은 특별히 또 나를 통하여 하나님께서 마지막 시대를 살고 있는 우리들에게 전할 말씀이 있어서 나로 하여금 천국과 지옥을 보게 하셨다고 생각한다. 나는 이 모든 영광을 두 손을 모아서 다시 오실 주님께 올려 드린다.

주 하나님이 가라사대

나는 알파와 오메가라

이제도 있고 전에도 있었고

장차 올 자요

전능한 자라 하시더라. (계 1:8)

Part I

천국과 지옥
간증

처음으로
천국과
지옥을 방문하다

(2013. 11. 1)

예수님이 먼저 마중을 나오셨다 (처음에는 예수님의 얼굴이 자세히 보이지 않았다. 그러나 나는 그분이 확실히 예수님인 것이 그냥 알아진 것이다. 그러나 날이 갈수록 주님의 얼굴이 자세히 보였다.)

주님과 나는 바울의 집에 갔다. 바울은 그렇게 키가 큰 편이 아니다. 오히려 작은 키에 속하였다. 주님과 나는 바울의 집안으로 들어가 셋이서 테이블에 앉았다.

그리고 내가 바울에게 물었다. 바울 선생님은 어떻게 그렇게 지상에서 헐벗고 굶주리며 자지도 못하고 매를 맞으면서까지.. 주를 위하여 복음을 전할 수 있었던가에 대하여 물은 것이다. 그러면서 나도 이 세상에서 그렇게 살면 되냐고 물었다. 내가 생각하기에도 이 두 번째 질문은 참으로 기특하다고 생각했다.

그 때 주님은 나의 이 말에 활짝 웃으셨다.

그리고 사도 바울선생은 다른 어떤 대답을 하는 것보다도 자신이 앉은 자리에서 가만히 일어나 나에게 다가와서 살짝 안아주는 것이었다.

그러는 그의 마음이 나에게 전달되었다.

"꼭 그렇게 하라고.........." 주여.............

[고후 11:23-27] (23)저희가 그리스도의 일군이냐 정신없는 말을 하거니와 나도 더욱 그러하도다 내가 수고를 넘치도록 하고 옥에 갇히기도 더 많이 하고 매도 수없이 맞고 여러 번 죽을 뻔하였으니 (24)유대인들에게 사십에 하나 감한 매를 다섯 번 맞았으며 (25)세 번 태장으로 맞고 한번 돌로 맞고 세 번 파선하는데 일주야를 깊음에서 지냈으며 (26)여러 번 여행에 강의 위험과 강도의 위험과 동족의 위험과 이방인의 위험과 시내의 위험과 광야의 위험과 바다의 위험과 거짓 형제 중의 위험을 당하고 (27)또 수고하며 애쓰고 여러번 자지 못하고 주리며 목마르고 여러번 굶고 춥고 헐벗었노라

주님과 나는 바울의 집을 나와서 그 다음에는 다윗의 집으로 갔다. 다윗은 턱수염이 갈색으로 나 있었고 로마 군인의 옷을 입고 있었으며 또한 옆구리에 칼도 차고 있었다. 그의 집에 들어서자마자 흰 옷 입은 많은 사람들이 양쪽으로 쭉 늘어서서 우리를 환영하는 것이었다. 그런데 그들이 누구인지 순간적으로 참으로 궁금하였다. 그런데 그들은 다윗이 사울 왕에게 쫓겨

다닐 때에 십 수 년 동안 다윗을 따라다녔던 수백 명의 그 억울한 사람들이라는 것이 그냥 알아졌다. 그들이 천국에 와 있는 것이다. 그들이 십 수 년 동안 다윗을 따라 다니면서 다윗의 하나님을 만난 것이다. 다윗이 그들에게 십 수 년 동안 자신이 만난 하나님을 그들에게 전하였다. 그래서 그들이 같이 천국에 와 있다. 할렐루야. 할렐루야. 이 사실은 나중에 다시 다윗을 만나서 확인한 내용이다. 그들이 그들이라 했다.

[삼상 22:1-2] (1)그러므로 다윗이 그곳을 떠나 아둘람 굴로 도망하매 그 형제와 아비의 온 집이 듣고는 그리로 내려가서 그에게 이르렀고 (2)환난 당한 모든 자와 빚진 자와 마음이 원통한 자가 다 그에게로 모였고 그는 그 장관이 되었는데 그와 함께 한 자가 사백명 가량 이었더라 ....

나는 이날 처음 천국에 올라갔는데 상당히 많은 것을 보았다 할 수 있다. 예수 그리스도를 육체로 낳은 마리아를 본 것이다. 마리아는 참으로 미인이었다. 나는 지금도 천국에 가면 마리아를 많이 보지만 내가 마리아를 처음 보는 순간 나도 모르게 내가 그녀 앞에 무릎을 꿇으려 했다.

그리하였더니 옆에 있던 천사가 나를 일으켜 세운다.
그렇게 하지 말라고.....
마리아는 우리가 그렇게 경배할 대상이 아니라는 것이다.

[신 5:7] 나 외에는 위하는 신들을 네게 있게 말지니라)

이 상황은 참으로 이상했다.

내가 평상시에 마리아를 숭배하는 것도 아닌데 절로 내 무릎이 꿇어지려 했다는 것이다. 이것은 하나님께서 즉 주님께서 나로 하여금 일부러 마리아가 경배의 대상이 아니라는 사실을 가르쳐 주시기 위하여 나의 무릎을 꿇게 하셨다고 생각한다.

참으로 정확히 알려주시는 하나님을 찬양한다.

그 다음 장면이 바뀌었다.

갑자기 내가 황량한 벌판에 서 있는 것이었다.

그리고 갑자기 썰렁한 느낌이 나더니 내 눈에는 갑자기 지옥의 장면이 보이기 시작했다. 나는 이것이 어떻게 가능한지 모른다.

천국에 있었는데 이제는 지옥을 보고 있는 것이다.

한 남자가 벌거벗은 몸으로 모든 힘을 다하여 도망하고 있는데 뱀이 그 두께가 약 30cm 정도 되는데 그 뱀이 날쌔게 그의 허리를 감아서 데리고 와 바닥에 내동댕이치는 것이었다.

그러자 마귀의 한 부하가 칼로 그 몸의 배를 상하부로 두동강이를 내어 버렸다.

그리고 나서 상하부의 몸이 다시 붙었는데 또 다른 마귀의 부하가 그 배를 창으로 반복하여 푹푹 찌른다.

나는 그때 생각했다.

저 사람이 어떤 죄를 지었기에 저러한 고통을 받나?

그때에 나는 그 내용이 그냥 알아지는 것이었다.

아하 간음한 자이구나.

그리고 갑자기 한 여인이 벌거벗은 채 서 있는 것이 보였다.

이 여인은 바로 이 남자와 간음한 여자였다.

거기는 단 한 사람만 살 수 있는 것과 같은 공간인데 벽이 다 벌건 모습이었다. 그 여자를 괴롭히기 위하여 담당되어 있는 것 같은 마귀의 부하가 하나의 창을 들고 서 있는 것이 보였고 또한 여기에도 30cm 두께의 뱀이 있었다.

[마 18:8-9] (8)만일 네 손이나 네 발이 너를 범죄케 하거든 찍어 내버리라 불구자나 절뚝발이로 영생에 들어가는 것이 두 손과 두 발을 가지고 영원한 불에 던지우는 것보다 나으니라 (9)만일 네 눈이 너를 범죄케 하거든 빼어 내버리라 한 눈으로 영생에 들어가는 것이 두 눈을 가지고 지옥 불에 던지우는 것보다 나으니라)

믿음의 조상 아브라함과 그의 아들 이삭을 만나다.

(2013. 11. 4)

아침 8:20분이었다. 천국으로 올라가기 위하여 나를 데리러 온 수레 안에 이미 예수님께서 성경책을 펴들고 앉아계심이 알아졌다. 아니 주님이 벌써 수레 안에 계시다니.......

그리고 나는 그분 옆에 앉았는데 우리를 태운 마차는 순식간에 천국으로 올라갔다. 그리고 성에 들어와서는 주님이 나를 보고 "가 볼 곳이 있다."라고 하시면서 나를 구름에 태우고 데리고 가시는 것이다.

어디로 가시는가 하였더니 아브라함의 집으로 가는 것이었다. 아브라함의 집에 갔을 때에 먼저 정원에서 연못의 잉어를 봤는데 잉어의 비늘색깔이 주황빛 파란빛이 함께 어우러져 빛이 나는 아주 아름다운 색깔을 가진 잉어가 연못에서 뛰어올라 나의 손바닥에 붉은 조약돌 같은 보석을 그 입에서 뱉어 주는 것이었다. 그리고 우리는(주님과 나 아브라함) 집안으로 들어가니 벌써 사라가 집안에 와 있었다. 그리고 금방 이삭이 도착했다.

우리 모두 5명은 원탁 모양의 아름다운 식탁에 앉아서 붉은 주스를 마셨고 우리 앞에는 큰 포도알들을 담은 쟁반이 놓여 있었다.

내가 아브라함 선생님에게 물었다.
어찌 아브라함은 성경의 말씀대로 그렇게 하나님의 약속의 말씀을 믿고 하나의 고민도 없이 그렇게 아들 이삭을 바칠 수 있었는가에 대하여 물었다.

그리하였더니 아브라함 선생님은 한참 있더니 나에게 말한다. 그것이 믿음이다. 라고....
그렇게 말하는 아브라함의 말 속에는 그 믿음이라는 것은 하나님의 말씀은 반드시 이루어진다는 확실한 믿음의 깊이와 넓이가 느껴졌다. 아하 그렇구나! ......

나는 또 이삭을 보고는 아버지가 아무리 죽인다 해도 늙은이인데 밀치고 도망가면 되는데 어찌 반항 한 번 안하고 그 번제단에 올라갈 수 있었나를 물었다.

[창 22:9] 하나님이 그에게 지시하신 곳에 이른지라 이에 아브라함이

그곳에 단을 쌓고 나무를 벌여놓고 그 아들 이삭을 결박하여 단 나무 위에 놓고

그랬더니 이삭 역시 나에게 그것이 바로 믿음이라는 것입니다. 라고 말하는 것이었다. 할렐루야. 즉 이러한 생명적인 믿음을 아브라함뿐만 아니라 이삭도 가지고 있었다는 것이다. 즉 이삭도 자신이 다시 살아날 것을 믿었다.

이 이야기를 들은 후 나는 그들에게 나도 이런 믿음을 가지기를 원한다고 말했다.

[히 11:17-19] (17)아브라함은 시험을 받을 때에 믿음으로 이삭을 드렸으니 저는 약속을 받은 자로되 그 독생자를 드렸느니라 (18)저에게 이미 말씀하시기를 네 자손이라 칭할 자는 이삭으로 말미암으리라 하셨으니 (19)저가 하나님이 능히 죽은 자 가운데서 다시 살리실 줄로 생각한지라 비유컨대 죽은 자 가운데서 도로 받은 것이니라

이삭이 틴에이저로 열 몇 살밖에 안된 그가 그 어린 나이에 하나님의 말씀을 믿음으로 번제단에 올라갔다는 것은 정말로 대단한 일이다.

이삭은 자신의 아버지 아브라함이 그러하였듯이 그도 하나님이 자신을 다시 살려서라도 자신을 통하여 아브라함에게 하나님이 약속하였던 하늘의 별과 같이 바다의 모래같이 후손을 많

게 하겠다고 말씀하신 것을 그는 믿었던 것이다.

[창 15:2-창 15:5] (2)아브람이 가로되 주 여호와여 무엇을 내게 주시려나이까 나는 무자하오니 나의 상속자는 이 다메섹 엘리에셀이니이다 (3)아브람이 또 가로되 주께서 내게 씨를 아니주셨으니 내 집에서 길리운 자가 나의 후사가 될 것이니이다 (4)여호와의 말씀이 그에게 임하여 가라사대 그 사람은 너의 후사가 아니라 네 몸에서 날 자가 네 후사가 되리라 하시고 (5)그를 이끌고 밖으로 나가 가라사대 하늘을 우러러 뭇별을 셀 수 있나 보라 또 그에게 이르시되 네 자손이 이와 같으리라

여기서 사실은 번제단에서 아브라함의 믿음뿐 아니라 이삭의 믿음도 하나님 앞에서 통과된 것이다. 그러므로 이삭은 그 후에 별로 하나님의 연단이 없이 그가 가는 곳마다 하나님께서 형통케 하신 것을 볼 수 있다. 이 사실은 정말 이삭은 오실 예수 그리스도의 모형이었고 또 아브라함은 예수 그리스도를 십자가에 죽이신 하나님의 모형이었다. 주여!

나는 이 두 사람 즉 아브라함과 그의 아들 이삭의 대답을 듣고 난 이후에 나는 그들에게 나도 그러한 믿음을 가지기를 진심으로 원한다고 말했다. 할렐루야.

오늘 이렇게 내가 아브라함과 이삭을 만난 것은, 요즘에 내가

정말 이렇게 마차를 타고 가서 천국을 보는 것이 진짜인지 아닌지 약간 의심이 생겼었다. 그런데 오늘 주님이 나로 하여금 아브라함과 이삭을 만나게 하신 것은 이전에 내가 기도할 때에 경험하였던 영적 경험을 그대로 재현하셨다고 보는 것이 옳다.

그러므로 그렇게 하여 내가 진짜 천국을 보고 있다는 것을 확신시켜주시는 것이었다. 할렐루야.

그 일은 이렇게 일어났다. 이전에 나는 어느 교회 성전에서 자기포기를 놓고 마음을 찢으면서 기도한 적이 있다.

하나님 자기포기가 무엇인지 가르쳐 주세요? 그러면 제가 자기를 포기하는 것을 해보겠습니다. 왜냐하면 우리 하나님은 자기가 포기된 자를 쓰신다하니까요 하면서 성전에서 마음을 찢으며 간절히 부르짖고 있는데 갑자기 흰 옷 입은 청년이 오른쪽 저편에서 뚜벅뚜벅 걸어오더니 내 앞에 계단에 앉은 것이다. 나는 즉시 그분이 예수님이라는 생각이 들었다. 나는 눈을 감고 있었는데 그 청년이 다 보이는 것이다.

그리고 그에게는 성경책이 들려 있었는데 그가 내 앞에서 성경책을 넘긴다. 그리고 창세기에서 아브라함 쪽으로 가는 것을 알았다. 그런데 성경책을 폈는데 양쪽이 다 백지이다.

그 백지에다가 그는 한 페이지에 '이'를 쓰고 그 다음 다른 페이지에 '삭'을 쓰는 것이었다.

나는 순간 아하 자기포기란 바로 아브라함이 이삭을 번제단에 바칠 때의 아브라함의 마음이구나 하는 것이 깨달아진 것이다.

우리 같으면 자식을 죽여서 각을 떠서 번제로 바치라 하면 차라리 나를 죽여 달라고 하나님께 기도하였을 터인데 아브라함은 하나의 고민도 없이 그는 이삭을 하나님 앞에 번제로 바치려 한 것이다.

이때의 아브라함의 마음이 바로 자기포기의 마음이었던 것이다. 하나님의 통로가 되는 자는 바로 이러한 자, 즉 하나님의 명령에만 순종하는 자인 것이다.

그런데 오늘 내가 천국으로 올라갈 때부터 차안에서 주님이 성경책을 펼쳐 들고 있었던 것부터 또한 천국에 올라가서 가볼 데가 있다하시면서 아브라함의 집에 갔던 것 등이 나로 하여금 정말 내가 천국을 보고 있는 것을 확신시켜 주신 것이다.

주여! 할렐루야. 감사합니다.
이제는 다시는 의심하지 아니하겠습니다.

지옥에 있는
아리엘 까스트로
(Ariel Castro)를 보다

(2013. 11. 5)

갑자기 벌거벗은 한 남자가 보였다. 먼저 마귀의 부하들이 무슨 긴 나무 꼬챙이 같은 것으로 입의 양쪽 끝에 집어넣고 입을 쫙 벌리는 것이었다. 우리가 우리의 손가락을 우리의 입에다가 넣고 입을 벌려도 아픈데 얼마나 아플까 생각이 들었다. 입이 찢어지는 것 같았다. 그는 물론 벌거벗은 몸이다. 그리고 난 다음 마귀의 부하들이 그의 사지를 하나씩 동시에 사방으로 잡아당겨서 살이 다 찢어지게 만들었다. 양팔을 벌리고 두 다리를 벌려서 네 명이 각각 잡아당기니 살들이 우두둑 뜯어져 나왔다.

그런데 참으로 이상한 것은 뼈는 그대로 몸통에 붙어 있었고 살들만 찢겨져 나오는 것이었다. 그 다음에는 찢겨진 살들을 마귀의 부하들이 질겅질겅 씹어 먹는 장면이 보였다. 너무 끔찍한 장면이었다. 나는 그가 누군가 하고 생각하는 순간에 그는 2013년 2월에 전 세계를 떠들썩하게 만들었던 클레브랜드 여성

납치범 (Cleveland kidnapping)의 주인공 Ariel Castro인 것이 그냥 알아졌다.

그는 세 여자 (Gina de Jesus, Michele Knight, Amanda Berry)를 납치하여 십년이상 집에다가 감금하여 놓고 한명은 1층에 한명은 2층에 한명은 지하에 가두어두고 10년 동안 강간해온 아주 흉악범이었던 것이다. 그가 지옥에서 이렇게 고통 받고 있었다.

천국에 있는
나의 집을 보다

(2013. 11. 7)

　나는 천국에 올라가자마자 나는 주님과 강가에서 황금으로 된 보트를 탔다. 강에 있는 아름다운 백조가 주님과 나를 보고 인사를 했다. 그리고 나서 주님은 나를 천국에 있는 나의 집으로 이동하였다. 참으로 아름답고 아늑한 침대가 있었다. 그리고 거실 저 안쪽으로는 우측으로 화려한 욕탕이 있는 것이었다. 거울과 세면대 등.....너무 예뻤다.

　그리고 큰 리빙룸에는 모두가 금으로 된 피아노와 식탁이 있었다. 와우! 감탄사가 절로 나왔다. 피아노 전체가 다 금으로 되어 있다. 그리고 직사각형의 긴 식탁이 다 금으로 되어 있고 의자들이 다 금으로 되어 있었다. 아니 이럴 수가......

　어제 어떤 성도님의 집을 심방 했다. 그런데 집이 너무 좋았고 웅장했으며 그래서 약간 부러운 마음이 생기기도 했다. 이런 집에 살 수도 있구나.... 그리고 피아노가 날개를 펴고 다른 방에 보이기도 했다. 그리고 식탁도 참으로 멋있다고 생각했다. 이 성도님의 집에 비하여 지상에 내가 사는 집은 아주 헐어 보였고 보잘 것 없었다. 그러한 생각을 어제 내가 했었는데 주님이 내 집을 보여주시는데 피아노가 다 금이고 식탁이 다 금이고 식탁에 놓여 있는 의자들이 다 금인 것을 보여주신 것이다. 얼마나 감사한지...... 보여 달라고 하지도 아니하였는데......

아 정말 이 세상의 것들은 참으로 아무 것도 아니구나! 라고 생각이 들었다.

[요일 2:15-17] (15)이 세상이나 세상에 있는 것들을 사랑치 말라 누구든지 세상을 사랑하면 아버지의 사랑이 그 속에 있지 아니하니 (16)이는 세상에 있는 모든 것이 육신의 정욕과 안목의 정욕과 이생의 자랑이니 다 아버지께로 좇아 온 것이 아니요 세상으로 좇아 온 것이라 (17)이 세상도, 그 정욕도 지나가되 오직 하나님의 뜻을 행하는 이는 영원히 거하느니라)

정말 이 세상의 것들은 영원한 것들이 아니라 다 지나가는 것들인 것이 깨달아졌다. 나의 집 현관문을 나오자마자 정원에 노란 꽃들이 한쪽에 예쁘게 피어 있었다.

연못에 여러 마리 잉어들이 뛰어올라 "우리 주인 왔다" "우리 주인 왔다"라고 말했다. 말 안 해도 마음으로 다 안다. 나는 그 중에 뛰어 오른 잉어들 중 한 마리를 예쁘다고 머리를 쓰다듬어 주었다.

나의
신랑 되신
예수님 (2013. 11. 10)

천국에 올라가니 옛날 조선시대 하인과 같은 하얀 옷을 입은 천사들이 네 명이 보였다. 그들은 참으로 발이 빠르다는 것을 그냥 알 수 있었다. 또한 그들의 생김새는 참으로 우습게 생겼는데 얼굴이 납작하면서 전체적인 얼굴 모양이 역삼각형이다.

그들은 나를 옛날에 한국 신부들이 타는 꽃가마에 나를 태웠다. 그리고 발 빠르게 나를 어디론가 데려갔다. 어디로 가나 했더니 나를 어떤 강가로 데려가더니 거기는 또 다른 천사들이 대기하고 있어 나를 그 강물에 목욕을 시키는 것이었다.

그리고 나에게 그 천사들은 하얀 세마포를 입혔는데 그 위에는 망사 천이 덮여진 것이었다. 그 위에 그들은 나에게 옛날 신부들이 입는 한국의 색동저고리를 입히는 것이었다. 나는 매우 궁금했다. 왜 내가 이런 복장을 하는지...........

그리고 그 발 빠른 조선시대 하인들같이 생긴 네 천사들이 나를 다시 꽃가마에 태우고 어디론가 갔다. 간 곳은 천국의 연회장이었다. 도착하여 가마에서 내리자마자 거기에는 이미 주님이 나와 춤을 추기 위하여 나를 기다리고 계셨는데 주님은 벌써 우리 한국의 옛날 신랑들이 입는 한복 차림을 하고 나를 기다리고 계셨던 것이다. 하얀 바지 저고리에 청색의 겉옷을 입으셨다. 그리고 신랑들이 쓰는 모자도 쓰고 계셨다. 그리고 주님은 신랑으로서 꽃가마에서 내리는 나를 신부로 맞이하시는 것이었다. 그 순간 얼마나 나의 가슴이 뭉클하고 눈물이 날 것 같았는지....

나를 사랑하심이 이렇게....... 표현이 되는 구나.........
나는 말을 할 수 없이 너무 좋아서 너무 기뻐서 울었다. 그리고 나는 주님과 연회장에서 한없이 춤을 추었다.
연회장 무대에서 주님과 같이 춤을 추고 있을 때에는 주님도 나도 벌써 아름다운 서양식의 발레복과 서양식의 남자 복장으로 갈아입은 상태였다.

주님과 춤을 추는 그 시간은 이루 말할 수 없이 하늘을 나는 것 같은 기쁨이 충만하였다. 도저히 표현이 안 되는 너무나 기쁜 상태였다.

[아 2:2-7] (2)여자들 중에 내 사랑은 가시나무 가운데 백합화 같구

나 (3)남자들 중에 나의 사랑하는 자는 수풀 가운데 사과나무 같구나 내가 그 그늘에 앉아서 심히 기뻐하였고 그 실과는 내 입에 달았구나 (4)그가 나를 인도하여 잔치집에 들어갔으니 그 사랑이 내 위에 기로구나 (5)너희는 건포도로 내 힘을 돕고 사과로 나를 시원케 하라 내가 사랑하므로 병이 났음이니라 (6)그가 왼손으로 내 머리에 베개하고 오른손으로 나를 안는구나 (7)예루살렘 여자들아 내가 노루와 들 사슴으로 너희에게 부탁한다 내 사랑이 원하기 전에는 흔들지 말고 깨우지 말지니라

나는 그분의 신부였고 그분은 나의 신랑이었다.

우리가 남을 정죄하는 마음이 생길 때에 하늘에서는 어떤 일이

(2013. 11. 12)

천국에 올라갔더니 나는 바로 하나님의 보좌 앞에 와 있었다. 주님의 보좌 앞에서 나는 바닥에 바짝 엎드려 있었다.

OOO에 대한 정죄의 마음이 내 안에 있는 것이 밝혀졌다.

그러자 옆에 서 있던 천사들이 큰 사각형으로 생긴 유리 박스 같은 플라스틱 박스 같은 것으로 나를 덮어 씌운다. 갑자기 나는 바깥에서 내가 다 보이는 유리 박스 같은 곳에 갇혀 버린 것이다. 즉 나는 꼭 한 사람 정도 들어가는 감옥 안에 갇힌 느낌이었다.

그러자 곧 나에게는 성경에서 주님이 하신 말씀, 다른 사람들이 간음한 한 여인을 현장에서 붙들어 와서 주님 앞에 끌고 와 하는 말이 "선생님이시여 모세의 율법에는 간음하다가 잡힌 여인은 저 동네 밖에 끌어내어서 돌로 쳐 죽이는 것이 법인데 선생님은 이 간음하다가 잡힌 여인을 어찌 하시기를 원하십니까?"

그랬더니 주님은 땅바닥에 두 번 정도 구푸려 뭔가를 쓰시다가 일어나셔서 거기 있는 모두에게 침묵을 깨고 "너희 중에 죄없는 자가 먼저 저 여자를 돌로 쳐라" 하였더니 나이 많은 자부터 시작하여 젊은이에 이르기까지 한 사람씩 그들이 가져온 돌들을 내려놓고 그 자리를 나가버린 것이다.

그리고 가장 마지막까지 남은 자는 주님과 그 여인 한 사람밖에 없었다.

그 때 주님은 그 여자에게 이렇게 말씀하신다.

"나도 너를 정죄하지 아니하니 가서 다시는 동일한 죄를 짓지 않도록 해라" 하면서 그 여인을 용서하여 주신 것이 생각이 났다.

그렇다 나도 하나님 앞에 죄인이면서 그 어느 누구도 정죄할 수 없다는 사실을 나는 그 순간 깨닫고 주님 앞에 회개를 하였다. 그 유리 박스 안에서 말이다.

"주님 제가 잘못했어요. 제가 OOO를 정죄하였어요. 용서하여 주세요. 다시는 정죄하지 아니할게요." 하고 진심으로 회개하는 순간 할렐루야. 천사들이 나를 위로부터 씌웠던 그 유리 박스를 나에게 와서 치우는 것이었다. 얼마나 놀랐던지 …………

그렇구나! 우리가 지상에서 누군가를 정죄할 때에 하늘에서는 즉, 영적인 세계에서는 우리에게 보이지 아니하는 유리 박스가 씌워져서 더 이상 주님과 교제가 일어날 수가 없다는 것이 깨달아진 것이다.

그리고 나에게 계속 성경구절이 생각났다.

우리는 주님으로부터 일만 달란트를 탕감을 받았는데 우리는 우리에게 고작 백 데나리온 빚진 자의 목을 잡고 그것을 다 갚을 때까지 옥에 가두는 그러한 어리석은 일을 하고 있는 것이었다. 나의 빚을 일만 달란트 탕감하여준 나의 주인이 그것을 알게 되는 날 백 데나리온 빚진 자의 목을 잡고 있는 우리에게 진노하실 수밖에 없다는 사실이 깨달아졌다.

할렐루야. 주님 다시는 남을 정죄하지 않겠습니다.

[마 18:35] 너희가 각각 중심으로 형제를 용서하지 아니하면 내 천부께서도 너희에게 이와 같이 하시리라

즉 우리가 남을 정죄함이 우리가 하나님과 교통하는 것을 완전히 막아 버리는 것이다.

[사 59:1-2] (1)여호와의 손이 짧아 구원치 못하심도 아니요 귀가 둔하여 듣지 못하심도 아니라 (2)오직 너희 죄악이 너희와 너희 하나님 사이를 내었고 너희 죄가 그 얼굴을 가리워서 너희를 듣지 않으시게 함이니

주님 다시는 남을 정죄하지 않는 제가 되게 하여 주시옵소서........

사도 베드로
선생을 만나다

(2013. 11. 12)

　여느 때와 같이 황금 꽃마차를 타고 천국으로 급속히 올라갔
다. 이전에는 나를 수호하는 천사와 마차를 모는 천사의 얼굴
이 잘 안보였는데 이제는 나를 수호하는 천사와 또 마차를 모는
천사가 보인다.

　그리고 나는 천국에 도착할 무렵이면 벌써 나의 옷차림이 바
뀌어져 있다. 무엇을 입고 있냐면 머리에는 저번에 받아 쓴 무
겁지 않은 금 면류관을 나는 어느새 쓰고 있고 그 다음 흰 아름
다운 드레스를 입고 있다. 드레스 군데군데 옅은 색깔의 조그
맣게 생긴 빛나는 보석들로 장식되어 있는 옷이다.

　천국에 들어서면 주님이 늘 나의 오른 편에서 나를 맞아주신
다. 오늘도 그랬다. 그런데 오늘은 천국에서 많은 천사들이 발
이 빠르게 바쁘게 움직이는 것이 보였던 것이다. 무슨 일이 일
어나고 있는지? 궁금하여 하는데……

내 눈에 한 천사가 큰 잉어를 요리하려고 칼을 잡은 것이 보였다. 그러는 가운데 주님은 나를 데리고 어디론가 가신다. 주님이 나를 데려가신 곳은 어느 파티장이었다. 금으로 된 큰 원탁 테이블 위에 흰 천으로 테이블이 장식되어 있었고 한 테이블에 약 12~13명이 앉을 수 있는 둥글고 큰 테이블들이 여기저기 많이 놓여 있었다.

주님과 나는 한 원탁 테이블에 나란히 옆으로 같이 앉아서 먹고 있었다. 참으로 희한한 것은 내가 거기서 뭔가를 먹고 싶다고 생각만 하더라도 벌써 천사가 그것을 옆에 와서 갖다 주는 것이었다. 내가 치즈 케익 먹고 싶다고 생각하였더니 곧 천사가 접시에 치즈 케익을 나에게 가져왔다. 얼마나 희한한 일인지.....

우리는 또 복분자 색깔처럼 빨간 색깔의 주스도 유리잔으로 마셨다. 주님이 드시다가 갑자기 천사들에게 아까 요리한 생선을 가져오라고 명령하신다. 그러자 천사들이 그 요리한 생선을 접시에 가져왔다. 주님과 나는 그 요리한 생선을 먹었는데 사실은 먹긴 먹었는데 그 맛이 무슨 맛이었는지는 모르겠다.

나는 계속 왜 주님이 나를 이 파티장에 데리고 오셨는지에 대하여 궁금하여 하였다. 그리고 우리는 그 자리를 떴는데 주님은 내 생각을 아시고 이렇게 말씀하셨다.
천국에도 이렇게 먹고 마시며 그리고 파티 하는 것을 나에게 알려 주기 위함이라고 하시는 것이었다.

[계 21:4] 모든 눈물을 그 눈에서 씻기시매 다시 사망이 없고 애통하는 것이나 곡하는 것이나 아픈 것이 다시 있지 아니하리니 처음 것들이 다 지나갔음이러라

그리고 주님과 나는 구름을 타고 높이 날았다. 저 먼 곳에 녹색 나무들이 가장자리에 있고 그 안에는 아름다운 옥색 빛깔의 빌딩들이 보였다. 아니 저곳은 어떤 곳이지 하고 생각하는데 내 생각 속으로 베드로라는 단어가 확실히 들어오는 것이었다. 그 순간 아하 주님이 지금 나와 함께 베드로의 집에 가고 있다는 것을 안 것이다. 그렇게 알아지자 곧 주님과 나는 벌써 베드로의 집에 와 있는 것이었다. 우리가 현관문을 거쳐서 집안으로 들어서자 베드로가 안에서 부산하게 일하다가 우리를 맞으러 뛰어 나왔다. 그리고 우리를 기다렸다는 듯이 주님과 나를 맞이하는 것이었다.

베드로는 행동에서 얼굴에서 웃는 표정에서 그의 덤벙대는 성격이 그대로 나타나 보였다. 우리는 즐거워하며 세 명이 같이 테이블에 앉았다. 베드로는 면류관을 쓰고 있지 않았다. 짙은 갈색의 꼬불꼬불한 머리에 얼굴이 조금 긴 모양의 눈이 큰 베드로였다. 그리고 흰 색 옷을 입고 있었다. 나는 그 때에 금 면류관을 쓰고 있었고 그리고 흰 색 드레스를 입고 있었다. 그

런데 갑자기 내가 면류관을 쓰고 있는 것이 주님과 베드로 앞에서 부끄러워졌다. 왜냐하면 주님의 수제자 베드로도 아무 면류관도 안 쓰고 있는데 아무것도 아닌 내가 금면류관을 쓰고 있다니 갑자기 나는 쑥스럽고 창피하다는 생각이 들었던 것이다. 그 순간 베드로가 내 생각을 알고서는 이렇게 말하는 것이 느껴졌다. 나는 면류관을 안 쓰는 것이 편하답니다. 라고 말이다.

그 때에 저쪽 방 안쪽으로 면류관이 보이는데 약 6개 내지 7개 정도가 나란히 정돈되어 있는 것이 보였다. 어머나...... 그 다음 내 눈이 간 곳은 그 곳이 리빙룸이었는데 그 리빙룸을 쭉 둘러보는데 내 오른쪽 옆 뒤쪽으로 큰 액자 하나가 눈에 들어왔다. 그런데 그 액자를 보는 순간 나는 소스라치게 놀랐던 것이다.

성화 중에 베드로가 물위를 걷다가 앞에 몰려오는 풍랑을 보고 무서워하는 순간 그는 물속에 빠져들어가는 장면이 있다. 그 때 주님이 빨리 와서 그에게 손을 내밀어 그를 건져내는 장면이 있다. 그 성화가 큰 액자에 담겨서 걸려 있는 것이었다.

그런데 내가 왜 그렇게 소스라치게 놀랐는가 하면 내가 그 그림을 일부러 액자에 넣어서 내 방에 거의 십 년 이상을 걸어 놓았던 그림이 바로 여기서 다시 보는 것이다. 그 그림을 지금 천국에서 베드로의 집 리빙룸에서 보니 얼마나 놀라왔는지......

그 그림을 십 수 년 내 리빙룸에 혹은 방안에 걸어 놓았던 그 이유는 내 믿음이 베드로와 같이 떨어지지 않기 위해서였다. 의심하는 순간 물에 빠져들어 가는 베드로를 보면서 나는 그렇게 하지 말아야지 하는……….

그런데 그 그림을 지금 이 천국에서 베드로의 집에서 내가 다시 보고 있는 것이다. 얼마나 감동스러웠는지……….

[마 14:28-31] (28)베드로가 대답하여 가로되 주여 만일 주시어든 나를 명하사 물 위로 오라 하소서 한대 (29)오라 하시니 베드로가 배에서 내려 물 위로 걸어서 예수께로 가되 (30)바람을 보고 무서워 빠져가는지라 소리질러 가로되 주여 나를 구원하소서 하니 (31)예수께서 즉시 손을 내밀어 저를 붙잡으시며 가라사대 믿음이 적은 자여 왜 의심하였느냐 하시고

그러면서 나는 항상 주님이 베드로에게 하신 말씀, "이 믿음이 적은 자야 왜 의심하였더냐?" 하시는 말씀을 항상 기억하곤 하였다.

그 다음 주님과 나 베드로 이렇게 세 명이 테이블에 앉아 있는데 갑자기 옛날에 1997년에 내가 은혜기도원 올라가서 일어났던 사건이 생각나는 것이다. 나는 이러한 것을 주님께서 내가 주님과 베드로와 같이 테이블에 앉아 있는 동안 일부러 나에게 생각나게 하시는 것이라 믿는다.

그 은혜기도원에서 저녁 12시부터 아침 5시까지 5시간 방언기도훈련을 하고 낮에는 어떤 일이 있어도 5시간씩 성경을 읽는 그러한 시간을 가졌을 때이다.

그렇게 한 지 얼마 되지 않아 작은 트레일러 안에서 몸을 벽에 기대고 편안하게 성경의 구약을 읽고 있는데 갑자기 내안에서 주님이 나에게 이렇게 물으시는 것이다.

"네가 나를 사랑하느냐?"
나는 대답했다. 주님 제가 주님을 사랑하므로 직장에서 전도하다 해고 당하고 이렇게 기도원에 올라와서 이제는 주의 길을 가려고 준비하고 있지 않습니까? 라고 대답한 적이 있었다.
그런데 주님은 그 다음 또 내 안에서 정확히 물으셨다.
"네가 정말 나를 사랑하느냐?"
두 번째 동일한 질문을 나에게 하시는 것이다. 그래서 나는 이렇게 대답했다. "주님 제가 주님을 사랑하는지를 주님이 아시잖아요." 라고 대답했다.

그런데 내 안에 계신 주님은 또 나에게 똑똑하게 물으시는 것이었다. "네가 정말 나를 사랑하느냐?"
아니 똑같은 질문에 두 번이나 대답을 했는데 또 물으시는 것이었다. 그래서인지 이 세 번째 물음에는 그만 나의 절규하는 목소리와 함께 울음이 터져 나온 것이다.

"주여! 내가 주님을 사랑하는 줄을 주님이 아십니다." 라고 말이다. 그러면서 운적이 있다. 그랬을 때에 내 안에 계신 주님은 또 이렇게 말씀하셨다. "그러면 너는 나를 따르라" 라고 말씀하셨다.

그리고 한참 후에 신약의 요한복음을 읽어내려 갈 때에 나는 또 소스라치게 놀랐다. 왜냐하면 나에게 한 질문이 요한복음 21장에 이미 베드로에게 한 질문을 그대로 나에게 하였기 때문이다. 나는 그 때 주님이 나에게 질문할 때에는 나는 성경지식이 별로 없었다.

이 질문 내용이 성경에 그대로 베드로에게 한 것인지도 모르는 상태였던 것이다. 그런데 나에게 질문한 내용이 그대로 요한복음에 있는 것을 알고 나는 얼마나 놀랐는지..............
그 때 그 생각을 지금 천국에서 주님과 베드로가 나와 같이 앉은 테이블에서 내가 하고 있는 그 때였다.
베드로가 말을 한다.
내가 그 때에 (즉 주님이 내게 그렇게 세 번 질문을 할 때에) 주님옆에 있었노라고 말을 하는 것이다. 이것은 말을 안 해도 마음으로 나는 그가 그렇게 말하는 것을 알 수 있다.

그 때에 나는 너무나 감동을 받아서 내 지상의 몸이 들썩거리며 울기 시작하였다. 얼마나 감동스러웠는지...........

주님이 나에게 그렇게 물을 때에 베드로가 주님의 옆에 있었다니………

[요 21:15-22] (15)저희가 조반 먹은 후에 예수께서 시몬 베드로에게 이르시되 요한의 아들 시몬아 네가 이 사람들보다 나를 더 사랑하느냐 하시니 가로되 주여 그러하외다 내가 주를 사랑하는 줄 주께서 아시나이다 가라사대 내 어린 양을 먹이라 하시고 (16)또 두번째 가라사대 요한의 아들 시몬아 네가 나를 사랑하느냐 하시니 가로되 주여 그러하외다 내가 주를 사랑하는 줄 주께서 아시나이다 가라사대 내 양을 치라 하시고 (17)세번째 가라사대 요한의 아들 시몬아 네가 나를 사랑하느냐 하시니 주께서 세번째 네가 나를 사랑하느냐 하시므로 베드로가 근심하여 가로되 주여 모든 것을 아시오매 내가 주를 사랑하는 줄을 주께서 아시나이다 예수께서 가라사대 내 양을 먹이라 (18)내가 진실로 진실로 네게 이르노니 젊어서는 네가 스스로 띠 띠고 원하는 곳으로 다녔거니와 늙어서는 네 팔을 벌리리니 남이 네게 띠 띠우고 원치 아니하는 곳으로 데려가리라 (19)이 말씀을 하심은 베드로가 어떠한 죽음으로 하나님께 영광을 돌릴 것을 가리키심이러라 이 말씀을 하시고 베드로에게 이르시되 나를 따르라 하시니 (20)베드로가 돌이켜 예수의 사랑하시는 그 제자가 따르는 것을 보니 그는 만찬석에서 예수의 품에 의지하여 주여 주를 파는 자가 누구오니이까 묻던 자라 (21)이에 베드로가 그를 보고 예수께 여짜오되 주여 이 사람은 어떻게 되겠삽나이까 (22) 예수께서 가라사대 내가 올 때까지 그를 머물게 하고자 할지라도 네게 무슨 상관이냐 너는 나를

따르라 하시더라

그러고 나서 주님은 베드로에게 이렇게 말씀하시는 것이었다.
"베드로야, 너는 네 가슴을 열어서 사라에게 보여주어라."
나는 갑작스런 주님의 말씀에 도대체 저 말씀이 무슨 말인지를 몰라 했다.

그런데 나는 내가 베드로에게 이렇게 묻는 것이었다.
베드로 선생님, 베드로 선생님은 감옥 안에 잡혀 들어갔을 때에 두 간수사이에서 쇠사슬로 묶인 채로 내일이면 목이 달아날지도 모르는데 어찌 잠을 잘 수 있었습니까? 하고 내가 묻는 것이었다. 나중에 보면 이 질문조차 주님이 나에게 하게 하신 것을 알 수 있는 것이다.

그러면서 나에게는 평상시에 베드로가 얼마나 주님을 사랑하였는지가 필름처럼 지나가는 것이었다. 베드로는 정말 주님을 사랑했다. 그래서 주님이 잡히시던 그날 밤에 베드로는 이렇게 말한다. "주를 위하여 내 목숨을 버리겠나이다"(요13:37) 또한 주님이 물위를 걸어서 오실 때에 다들 유령으로 알다가 주님이 내니 두려워 말라 하시는 말을 듣고 주시라 하니 베드로가 주님보고 주시거든 주님 저를 오라 하소서 하고 먼저 주님을 맞고자 했던 자였고 또한 디베랴 바닷가에서 주님이시다 하였더니 주님을 맞이하기 위하여 가장 먼저 물에 뛰어들었던 베드로였다고 생각하고 있는데 즉 베드로가 얼마만큼이나 주를 사랑했는 지를 생각하고 있는데 베드로가 이렇게 말하는 것이었다.

"저는 내일 죽는다는 것이 참으로 기뻤습니다."라고 말하는 것이었다. 그렇게 말할 때에 나는 그것이 이해가 되어졌다.

베드로는 주님을 3년 반을 따라다녔고 그가 죽는 것을 보았고 그의 부활을 보았고 그의 승천을 지켜 보았다. 그런 그가 이제 죽으면 영원히 그 사랑하는 주님께로 가서 영원히 함께 있을 것 이니 그것이 참으로 기쁜 것이겠구나! 이해가 되는 것이었다.

이 사실은 나에게 충격이었다. 왜냐하면 나는 죽음이 기쁜 것 이라고는 생각하여 본 적이 없기 때문이다. 아하! 그래서 주님 은 내가 이런 질문을 할 줄 아시고 미리 베드로에게 너는 네 마음을 열어 사라에게 보여 주어라고 말씀하셨구나! 하며 깨달아 졌다. 그렇다. 이제부터는 죽음을 기쁘게 생각해야 된다는 것 이 깨달아진 것이다.

할렐루야. 죽음에 대하여 새로운 개념을 알게 하신 주님을 찬 양합니다.

[롬 14:8] 우리가 살아도 주를 위하여 살고 죽어도 주를 위하여 죽나 니 그러므로 사나 죽으나 우리가 주의 것이로다

예수 믿지 아니하는
자들이 가는
지옥을 보다

(2013. 11. 13)

아침에 지옥의 세 장면을 보게 되었다.

평상시와 같이 황금 꽃마차를 타고 천국에 올라갔다

가자마자 주님이 옆에 서계셨는데 갑자기 오늘 따라 천국의
모습이 참으로 이상했다.

즉 보통 보이는 천국의 레벨이 아니라 오늘은 내가 올라가자
마자 딛고 서는 바닥보다 좀 아래쪽으로 정말 셀 수 없이 많은
사람들의 머리가 빽빽이 넓게 보이는 것이었다. 이것은 옛날
에 우리 한국에 큰 성냥통의 뚜껑을 열면 성냥개비의 머리만 빽
빽이 보이듯이 사람들의 머리가 그렇게 많이 보이는 것이었다.
시야전체를 메웠다.

그러고서는 내가 지켜보고 있는 동안에 그 머리들이 저 밑으
로 더 한없이 내려가는 것이었다. 이것을 어떻게 다르게 설명
할 수 있냐면 그 사람들의 머리가 나에게 close up 되어 보이다

가 실제로는 그 깊이대로 보이기 시작했다고도 말할 수 있는 것이다. 그들이 있는 곳은 아주 캄캄하고 깊은 곳이었다. 순간 나는 내가 지옥에 와 있음을 느꼈다. 나는 순간 무서워서 옆에 계신 주님의 옷자락을 힘껏 잡고 있었다. 그리고 내 눈에는 사람들이 고통 받는 모습들이 보이기 시작했다. 즉 주님과 나는 지옥의 불구덩이의 맨 밑바닥 가장자리에 서 있었다.

저쪽 한가운데는 엄청난 뜨거움의 불이 사람들을 태우고 있었다. 불속에서 사람들은 아우성을 질러댔다. 그리고 내가 보고 있는 것은 불 가장자리에서 벌거벗은 자들이 불을 피하여 온 힘을 다하여 달음질하고 있는 모습이었다.

사람들은 불을 피하여 달리고 있었는데 참으로 희한한 것은 불이 사람을 향하여 달려오고 있었다는 것이다. 그리고 그들이 달리는 방향에서는 얼마 못가서 마귀의 부하들이 일렬로 서서 창으로 그들의 배를 찌르려고 기다리고 있었다. 창을 그들의 배를 향하여 들고 서서……

그 순간 사람들의 순간적인 고민을 내가 알게 되었다. 불이 너무 뜨거워 피하여 보고자 도망하고 있는 자의 마음을 내가 읽고 있는 것이었다.
"저 불은 너무 뜨거워. 어머 앞에는 창이 기다리고 있네. 어쩌지 창에 찔리는 것이 저 불보다는 견디기 쉬울까?" 하면서 고민하면서 달리는 그들의 마음이 느껴져서 마음이 무너지는 것 같았다. 그들이 그런 생각을 하는 순간에 그들은 퍽 퍽 창에 찔려서 다시 그 불속으로 던져지는 것이었다.

그것을 보고 있는 나는 숨이 막힐 것 같았다. 광경은 너무 참혹하여 나는 신음소리를 내었다.

그런 후 바로 주님과 나는 그 큰 지옥 구덩이의 가장 위로 언제 올라가느냐는 듯이 올라가는 것이었다.

위쪽에는 절벽과 같은 곳에서 사람들이 들어오는 시커먼 구멍이 꼭 우리 집 문 사이즈보다 조금 폭이 작게 나있는 것 같이 보이며 그곳으로부터 지옥으로 오는 사람들이 한사람씩 나오는 것이 보였다. 이러한 시커먼 구멍이 내가 보고 있는 쪽으로 벌써 몇 군데가 보인다.

각 구멍마다 마귀의 부하들이 그 구멍 옆에 서서 사람들이 들어오자마자 어 여기가 어디야 하고 의아하여 하는 순간 즉 불구덩이인 것을 인식하는 순간에 마귀의 부하는 그를 불구덩이로 밀어서 던져 넣는 것이었다. 즉 순간적으로 이 일이 일어난다. 그러니까 그 구멍에서 나오자마자 사람이 한 두 사람 설 정도의 면적이 있다. 그리고는 그 밑은 불구덩이로 떨어지는 절벽같이 생긴 것이다. 밀기만 해도 그 불구덩이로 떨어지는 것이다.

그리고 그 구멍들이 있는 사이에 중간에는 그들보다 조금 계급이 높은 마귀의 부하가 그들이 잘하고 있는지를 감시하고 있었다. 이 광경은 정말 무서웠다. no choice 이었다.

그때에 주님이 나에게 말씀하신다. "너는 그래도 복음을 전하지 아니하겠느냐?" 하시는 것이다.

이 지옥은 예수 믿지 아니한 자들이 오는 지옥이었다.
나는 울기 시작했다. 지옥에 오는 그들이 불쌍해서 또 예수 믿지 아니하는 많은 자들이 여기에 올 것을 생각하니 눈물이 앞을 가렸다.

[계 20:15] 누구든지 생명책에 기록되지 못한 자는 불못에 던지우더라

그리고 나는 더 이상 지옥을 보고 싶지 않다는 생각이 들었다. 왜냐하면 지옥에서 고통당하는 그들을 보니 내가 너무 괴로워서였다. 그래서 나는 주님께 말했다. 마음으로 통한다.
"주님 나 더 이상 지옥 보고 싶지 않아요. 안 볼래요." 라고 하면서 주님과 마음으로 실랑이를 하는 순간에 침묵이 흐르고 잠시 내 눈에는 아무것도 보이지 않는 시간이 있었다.
그런데 갑자기 한 사람이 내 눈에 보이기 시작하는 것이다. 보여 달라고도 아니했고 보일 것이라 기대한 것도 아니었는데 …….

그는 한 남자였는데 왼쪽 눈에는 눈알이 없고 푹 파져있었으며 거기서는 피가 철철 흐르고 있는 것이 보였다. 즉시 나는 마귀의 부하가 이미 한쪽 눈을 파먹은 것을 알 수 있었다. 이것은 누가 그렇게 파먹었다고 말하는 자가 있는 것이 아니라 내가 그 눈을 보는 순간 그러한 지식이 내게 생긴다. 주님이 알려 주시는 것이다.

그리고 다른 마귀의 부하가 다른 쪽 한 눈도 파 먹으려고 창을 다른 쪽 눈을 향하여 겨누고 있었다. 그 사람의 두 손은 그 사람의 뒤에서 마귀 부하 두 명이 비틀어서 잡고 꼼짝 못하게 붙잡고 있었다. 그리고 다른 부하 하나는 창으로 그의 배를 계속 찔러대고 있었고 그 창에 묻어 나오는 살을 또 다른 마귀의 부하가 먹고 있었다.

주여 저 사람은 어떤 자이기에 저러한 고통을 당하고 있나이까? 라고 하니까 물론 생각으로 묻는 것이다. 그러자 나는 그는 이 세상에 살면서 원수를 맺고 그 원한을 풀지 않은 자였다는 것을 알 수 있었다. 그냥 알아지는 것이었다.

[마 18:23-35] (23)이러므로 천국은 그 종들과 회계하려 하던 어떤 임금과 같으니 (24)회계할 때에 일만 달란트 빚진 자 하나를 데려오매 (25)갚을 것이 없는지라 주인이 명하여 그 몸과 처와 자식들과 모든 소유를 다 팔아 갚게 하라한대 (26)그 종이 엎드리어 절하며 가로되 내게 참으소서 다 갚으리이다 하거늘 (27)그 종의 주인이 불쌍히 여겨

놓아 보내며 그 빚을 탕감하여 주었더니 (28)그 종이 나가서 제게 백 데나리온 빚진 동관 하나를 만나 붙들어 목을 잡고 가로되 빚을 갚으라 하매 (29)그 동관이 엎드리어 간구하여 가로되 나를 참아 주소서 갚으리이다 하되 (30)허락하지 아니하고 이에 가서 저가 빚을 갚도록 옥에 가두거늘 (31)그 동관들이 그것을 보고 심히 민망하여 주인에게 가서 그 일을 다 고하니 (32)이에 주인이 저를 불러다가 말하되 악한 종아 네가 빌기에 내가 네 빚을 전부 탕감하여 주었거늘 (33)내가 너를 불쌍히 여김과 같이 너도 네 동관을 불쌍히 여김이 마땅치 아니하냐 하고 (34)주인이 노하여 그 빚을 다 갚도록 저를 옥졸들에게 붙이니라 (35)너희가 각각 중심으로 형제를 용서하지 아니하면 내 천부께서도 너희에게 이와 같이 하시리라

그 다음은 또 나의 의지와 상관이 없이 다시 한 번 더 지옥의 장면이 내게 펼쳐졌다. 주님과 나는 어느 새 물 같은 것이 흐르는 질퍽한 도랑가에 서 있었다. 그 도랑에 흐르는 것이 물이 아니라 피였다. 캄캄한 가운데서도 그것이 보이는 것이었다.

주님과 나는 그 도랑을 살짝 밟듯이 건넜다.
그리고 저쪽에서는 사람을 토막 내는 장면이 보였다. 팔과 다리를 톱으로 자르는 것이었다. 그리고 그 자른 팔과 다리를 아무데나 던진다. 그리고 머리와 몸이 남은 것을 작두쪽으로 데리고 가서 머리를 싹뚝 잘라버리면 그 머리가 떨어져서 데굴데굴 구른다. 그리고 다른 마귀의 부하들은 그 팔다리들을 주워

서 군인용 침대 즉 다친 전우들을 실어 나르는 침대 같은데다가 담아서 나르고 있는 모습이 보였다. 얼마나 끔찍한지 모른다.

그리고 피들이 한군데로 모여서 아까 우리가 지나온 도랑으로 흐르는 것이었다. 이렇게 고통 받는 이들은 누구인가 생각하는데 그들은 이 세상에서 살 때에 사람을 죽여서 토막을 낸 자들이었다. 자기들이 사람을 죽여서 토막을 내었지만 이들은 여기서 영원히 살아서 토막을 내어짐을 당하는 것이었다.

[고후 5:10] 이는 우리가 다 반드시 그리스도의 심판대 앞에 드러나 각각 선악간에 그 몸으로 행한 것을 따라 받으려 함이라

09

조금 후 다시
나는 천국의
나의 집을 가다

(2013. 11. 13)

지옥의 장면을 보고나서 나는 조금 있다가 다시 천국에 올라
갔다. 역시 동일한 천사들과 마차가 나를 천국으로 인도했다.

주님과 나는 천국의 내 집에 도착한 것이다.

나의 집 정원에 있는 연못에서 잉어들이 위로 뛰어올라 우리
주인 왔다고 기뻐했다. 그리고 나는 '주님께 영광'하고 맞받아
인사했다. 집안으로 들어가기 전에 두 날개를 가진 두 천사가
내 집 대문 현관 문 앞에서 우리를 맞이하여 주었다. 주님과 나
는 내 집으로 들어와서 큰 네모난 직사각형의 아름다운 황금 식
탁에 마주 보고 앉은 것이다.

주님은 테이블 위에 나의 주님을 위하여 일을 한 기록 (이것
은 나중에 나의 "기념책"이라는 것을 알게 되었다. 이때에는 그
냥 주를 위한 나의 행함에 대한 기록이라는 사실만 나에게 알려

졌다) 을 갖고 계셨고 나는 그 카피 본을 보고 있었다.

주님은 그 기록을 쭉 보시고 또 지금 하고 있는 일과 앞으로 할 선교의 일도 보고 계셨다. 나는 똑같은 카피 본을 들여다보고 있었다. 그러고 나서 주님은 나를 내 집안에 있는 듯한 무기 창고로 나를 데려가셨다. 그 창고 안에는 무수한 칼과 창 등이 쌓여 있었고 천사가 하나씩 그것을 벽에 정돈하여 걸고 있었던 것이다.

주님은 말씀하신다. 이것들은 네가 가지고 악한 사단과 그의 부하들을 대적하여 싸울 때에 쓸 성령의 불 칼, 불 창, 불 화살이라 말씀하시는 것이었다. 이것을 다 너에게 주노라! 라고 말씀하신다. 할렐루야. 그리고 나를 갑옷으로 입히셨는데 완전무장하게 하시고 성령의 불 칼, 불 창, 불 화살까지 나에게 주시는 것이었다. 그렇게 무장하고 나는 내려왔다. 할렐루야.

여기서 나는 잠깐 생각을 해본다.
사람들은 무슨 성령의 불 칼, 불 창, 불 화살이냐? 이상하다 할 수 있다. 그러나 이것은 영적인 세계에서 일어난 일이다.
그래서 이제 나도 이해가 간다. 왜 나의 집에 갔을 때에 주님이 기념책을 펼쳐 들고 계셨는지.........

그것은 나를 영적으로 무장을 시켜서 일하라는 의미인 것이었다.

우리가 예수의 이름을 사용하여 귀신을 쫓으면 성령께서 일하셔서 그 사람에게서 귀신이 나오게 하시는 것이다.

주님이 하신 말씀이 생각난다.

[마 12:28] 그러나 내가 하나님의 성령을 힘입어 귀신을 쫓아내는 것이면 하나님의 나라가 이미 너희에게 임하였느니라

그래서 성령의 불 칼, 불 창, 불 화살을 갖고 완전 무장을 하고 내려온 것이 이해가 간다. 영적으로 주님은 나를 그렇게 무장시킨 것이다. 할렐루야!

10

바울의 집을
또 가다

(2013. 11. 15)

천국에 들어갔는데 오늘 따라 두 날개 달린 천사들이 많이 보였다. 그리고 주님과 같이 구름을 타고 어딘가로 가고 있는데 두 날개 달린 흰 옷 입은 천사들이 같이 타는 것이었다.

나는 그 영문을 몰랐다. 약 7명 정도 되었는데 나란히 옆으로 서 있었다. 다들 즐거운 모습이었다.

보통 주님과 나만 구름을 타고 다니는데 오늘은 왜 이렇게 두 날개 달린 천사들이 같이 타고 나는 것인지 의문이었다.

그러고서는 구름을 타고 날아가는데 저기 큰 성이 보였다. 어딜까 하고 생각했는데 바울의 집이었던 것이다.

아니 저번에 바울의 집에 다녀왔는데 왜 또 나를 바울의 집으로 데려가시는 것일까 하고 의문이었다.

천사들이 우리가 바울의 집에 들어가기 전에 날아가 버렸다.

즉 그들은 우리와 함께 같이 들어가지 아니하였다.

여기서 잠깐 바울의 집이 어떻게 생겼는지를 정리하는 것이 좋을 것 같아서 기록하여 둔다.

왜 동화책에 보면 조그만 지붕 탑들이 뾰족뾰족하게 나와 있는 궁전과 같은 것인데 위 지붕의 색깔은 자색 같은 것이고 그리고 나머지 궁전의 몸의 색깔은 예쁜 하얀 옥색 같은 것이었다.

바울의 집안에 들어서서 식탁에 주님과 나 그리고 바울 이렇게 세 명이 앉았다.

갑자기 바울이 점치는 여종에게서 귀신을 쫓아낸 사건이 생각났다. 그때에 생각으로 알아지는 것인데 주님께서 바울에게 주었던 그 귀신 쫓는 은사와 능력을 내게 주신다는 것이다.

할렐루야. 그리고 또 바울이 3층서 떨어져 죽은 유두고라는 청년을 살리고 바울의 손수건을 아픈 자들에게 얹으면 질병이 나은 것이 생각나면서 그러한 신유의 은사도 나에게 주신다는 것이다. 할렐루야.

얼마나 감사한지 그러고는 우리는 같이 기도를 했는데 우리는 같이 손을 포개어 주님의 손, 내 손, 바울의 손을 함께 포개어 같이 기도하였다. 그 은사들을 내게 전수하여 주시는 것이었다.

그리고 주님과 나는 바울의 집을 나와서 다시 구름을 탔는데 아까 바울의 집을 들어갈 때에 날아갔던 7명의 두 날개 달린 천사들이 다시 주님과 내가 탄 구름위로 타는 것이었다. 그런데 그들은 각각 보석 상자 한 개씩을 들고 있었다. 그 보석 상자들은 분명히 나에게 주시는 것임을 알 수 있었다.

주님이 오늘 나를 바울의 집에 데리고 가신 이유는 그가 가진 모든 은사를 나에게 전수하여 주시기 위함이었던 것이다.

[행 19:12] 심지어 사람들이 바울의 몸에서 손수건이나 앞치마를 가져다가 병든 사람에게 얹으면 그 병이 떠나고 악귀도 나가더라

자비로우신 주님,
보석으로 된 꽃들과
보석 동물원을 구경하다

(2013. 11. 15)

천국문에 들어섰는데 나의 옷차림이 어느 새 바뀌어져 있었다. 이전에는 금면류관을 쓰고 있었는데 오늘은 내가 새로운 다이아몬드로 장식되어 있는 아름다운 면류관과 새 옷인 흰 드레스를 입고 있었다.

주님이 내 오른 편에서 나를 맞아 주셨다. 내 안에서 주님이 너무 좋아서 주님을 사랑하는 마음이 솟아오르면서 그 기쁨이 주님을 향한 그 사랑이 눈물로 표현되는 것 같았다. 주님 너무 보고 싶었어요! 하는 그런 마음이 전달된다. 나는 주님과 그러한 사랑의 관계에 있다는 것이 너무 좋았다. 주님은 우리 믿는 사람 한 사람 한 사람과 이러한 애틋한 사랑의 관계를 갖고 계시는 것을 알 수 있었다.

주님과 나는 황금으로 된 길을 걷고 있었는데 나는 흰 장갑을 끼고 있는 것을 발견했다. 그러자마자 새가 한 마리 날아와서 나의 장갑을 낀 손에 앉아서 나에게 인사를 한다. 나는 내가 천국에 들어오자마자 내가 왜 흰 장갑을 끼고 있지 라고 생각했는데 여태껏 내가 천국에 오더라도 장갑을 끼고 있었던 적이 없었다.

그런데 그것이 나를 향하신 주님의 배려였다.

그것은 새가 와서 내 손에 앉을 것을 미리 아시고 내 손에 새가 갑자기 앉으면 내가 당황할까봐 미리 흰 장갑을 끼게 한 것이었다. 아니면 내가 천국에 올라왔을 때에 주님이 천사들을 시켜서 나에게 흰 장갑을 끼게 하시고 주님이 새를 오게 하였는지 나는 모른다. 어쨌든 나는 주님의 배려하심에 놀라왔다.

주님과 나는 함께 보석으로 된 꽃밭에 갔다. 꽃밭가운데로 나 있는 길은 황금 길이었다. 꽃들의 모양은 꼭 생화 같은데 자세히 들여다보면 정갈하고 세밀하게 생긴 보석으로 된 꽃들이었다. 우리 왼쪽으로 철쭉꽃이 파란 잎들과 함께 아름답게 피어 있었다. 가장자리가 빨갛고 중앙으로 갈수록 주황색인 장미꽃들이 피어 있었고 분홍색 장미도 보였다. 그곳에는 자주색, 노란색의 꽃들도 있었고 희고 빨간색이 섞인 꽃들도 있었다. 그러다가 한 마리의 나비가 나의 장갑 낀 손에 날아와 앉는다.

오늘은 새도 날아와서 내 장갑 낀 손에 앉았었고 또 나비도

한 마리 와서 앉았다. 그 나비는 주황색과 붉은색이 어우러진 아름다운 나비였다. 그리고 우리의 오른편으로는 황금으로 된 갈대밭이 보였다. 얼마나 아름다운지……

황금 갈대들은 황금 쌀 알 같은 것들로 되어 있었다.

그리고 그 다음 주님과 나는 보석 동물원으로 갔다.

옅은 분홍색깔의 투명한 보석 같은 덩치 큰 코끼리가 우리를 마중 나왔다. 순하게 생긴 사자와 표범이 있었고 자주색의 원숭이들이 보였다. 날개를 예쁘게 펴고 있는 공작새도 있었고 금으로 된 사슴도 보였다.

그 다음에는 장면이 갑자기 바뀌었다. 즉 여태까지 천국이 보였는데 내 눈앞에는 이제 지옥의 모습이 보이는 것이었다.

불에서 고통을 받는 자들이 잠깐 눈에 비추어졌는데 불이 침이 되어 온몸을 찌르듯이 사람들을 파고들어 고통을 주며 아프게 하는 것이 잠깐 보였다.

그리고 내 눈에는 쇠창살이 보이기 시작했다.

쇠창살로 된 방이 처음에는 하나만 보였는데 그 다음 내 눈에는 그러한 방들이 쭉 옆으로 있는 것이 보였다. 그리고 그 쇠창살 방안에는 한사람씩 들어 있는 것을 알 수 있었다. 쇠창살의 바깥에서는 마귀의 부하가 절구통에 한 사람씩을 구겨 넣고 방아 찧듯이 찧는 것이 보였다. 사람을 그곳에 구겨놓고 찧으니 그 몸에서 창자들이 터져 나왔다. 그 터져 나온 창자를 옆에 있던 마귀 부하가 꼬챙이로 건져서 먹는 것이 보였다……

주님 도대체 어떤 자들이 이러한 고통을 받나이까? 라고 생각으로 묻는 순간에 '이들은 이 세상에 살 때에 늘 거짓말하며 산 자들'이라는 것을 알 수 있었다.

그 다음 그 옆 앞쪽으로 이동하였더니 가마솥이 보였는데 그 가마솥 밑에는 불을 지피고 사람을 그 안에 넣고 삶는 것이었다. 그리고 그 삶은 사람을 마귀의 부하들이 먹는다는 것이 그냥 알아졌다.….이런 고통을 당하는 자들은 세상에 살 때에 어떤 자들이었냐면 자기 배만 채우고 나누어 줄줄 몰랐던 자들이었다.

천국에서
사명을 받다

(2013. 11. 16)

오늘따라 조금 특별한 것은 황금 마차가 와서 나를 천국으로 데리고 올라 갈 때부터 하얀 두 날개가 달린 천사가 마차 양 옆에서 금나팔을 불면서 올라갔다.

오늘은 주님이 하얗게 눈이 부실 정도의 흰 옷을 입고 계셨다. 그리고 나를 어디론가 데려가시는데 두 날개가 달린 흰 옷 입은 천사가 큰 금쟁반을 들고서 같이 따라왔다.

간곳은 어느 황금으로 된 건물 안이었다. 그전에 수 없이 보이던 천사들은 하나도 없고 다만 주님이 앉는 자리만 보였고 그 안에는 오직 주님과 나 그리고 그 금대접을 들고 있는 천사뿐이었다.

주님의 손에 갑자기 흰 두루마리 종이가 보였다. 그리고 그것을 위아래로 그것을 펼치시는데 "나 예수는 전에도 있었고 이제도 있고 장차 올 자라"라고 붓글씨체로 적혀 있었다.

주님은 나에게 말씀하셨다. 너는 이것을 사람들에게 전해라. 순간 나는 가슴이 찡했다. 감동한 것이다. 나에게 이렇게 확실하고 특별한 사명을 주다니….

[계 1:7-8] (7)볼지어다 구름을 타고 오시리라 각인의 눈이 그를 보겠고 그를 찌른 자들도 볼 터이요 땅에 있는 모든 족속이 그를 인하여 애곡하리니 그러하리라 아멘 (8)주 하나님이 가라사대 나는 알파와 오메가라 이제도 있고 전에도 있었고 장차 올 자요 전능한 자라 하시더라

그리고 그 큰 쟁반에 담은 것은 기도할 때 내가 흘린 눈물이라 하신다. 그것을 기다란 살구색도 아닌 분홍색도 아닌 살구색과 분홍색의 중간색인 아름다운 보석으로 된 기다란 병 안에 부으니 눈물이 다 납작납작하고 둥근 보석돌들로 변하여 그 병을 아래서부터 채우는 것이었다. 그 병은 길이가 1m 이상 되는 기다란 아름다운 병이었다.

그러고서는 나의 집으로 이동하시는 것이었다. 그 천사도 그 아름다운 눈물 병을 들고 우리와 같이 내 집에 갔다. 정원에 아름다운 꽃들이 보였다.

정원에 있는 연못에서 잉어들이 이번에는 평소보다 훨씬 높이 치솟아 뛰어 올라가며 좋아 했다. "우리 주인 왔다. 우리 주인 왔다" 하면서 좋아하고 기뻐했다.

그 중의 한 잉어가 내 손바닥에 푸른 보석 하나를 입에서 내어 주는 것이었다.

우리를 따라온 그 천사는 연못 곁에 그 아름다운 눈물 보석을 담은 병을 세워 두는 것이었다. 그랬더니 그 색깔로 인하여 집이 더 아름다워 보였다. 그리고 그 병을 갖고 우리를 따라온 천사는 원래 우리 집 문 앞에 두 천사중의 한 명이었다. 즉 우리가 현관문에 도착하니 한 천사만 있고 눈물 병을 가지고 따라온 천사가 그 현관문에 가서 서는 것을 보고 알 수 있었다.

그렇구나! 내 집에 있는 두 천사중의 한명이 처음부터 금대접에다가 내 눈물을 담아 와서 그 다음 병에다 부어서 내 집으로 가져 온 것이구나! 하고 알게 되었다.

주님과 나는 집안으로 들어왔다. 나는 주님께 말했다.

나의 육신의 아버지를 보고 싶다고 말이다. 그러자 곧 내 육신의 아버지가 내 집으로 왔다. 아버지는 내 집을 보시고 네 집이 이렇게 좋구나! 하고 감탄하셨다.

그러고서는 가셨다.

나를 인도하는 천사와
처음으로 분명히
대화를 나누다

(2013. 11. 17)

나는 열심히 회개기도를 하고 나서 천국으로 올라갔다.

그런데 여기서 내가 무엇을 그렇게 회개하였는지가 참으로
중요하다. 왜냐하면 이것을 회개하지 아니하니 아무리 천국에
들어가려고 몇 번을 시도하여도 하나님께서 열어주시지 아니
하였기 때문이다. 주님 앞에 앉아서 회개한 내용은 무엇이었냐
면 바로 내가 천국과 지옥을 보고 있는 것에 대하여 별로 그렇
게 감사한 마음을 갖지 못했다는 것이다. 나는 내가 어떻게 생
각하였냐면 천국과 지옥을 보고나니 아하 천국은 이런 곳이구
나! 아하 지옥은 저런 곳이구나! 하고 처음에는 그렇게 보기를
사모하였으나 실제로 여러 번 보고나니 그렇게 어려운 것이 아
니었구나! 하고 생각하니 별로 감사한 마음이 들지 않았다.

그런데 주님은 이것을 내가 철저히 회개하기를 원하셨다.

남들은 보고 싶어도 못 보는 천국과 지옥을 주님이 나에게는

은혜로 보여주셨음에도 불구하고 감사한 마음이나 그렇게 고마
운 마음을 가지지 아니하는데 대한 일종의 하나님의 징계하심
이었다.

아무리 기도의 자리에 앉아서 천국과 지옥을 가려 하였으나
주님이 열어 주시지 아니하셨던 것이다.

그래서 나는 나의 불충한 마음 때문에 천국과 지옥을 보여주
시는 그 은혜를 거두어 가신 것에 대해 주님 앞에 진심으로 감
사하지 못했음을 철저히 회개하였던 것이다.

"주님 정말 제가 잘못했습니다. 용서하여 주시옵소서……"

그런 후에 다시 천국을 보려는 시도를 한 것이다.

그 때에 황금마차를 타고 나를 데리러 온 천사가 나를 똑바로
쳐다보면서 이렇게 이야기 한다.

"어서 타십시오. 주님이 기다리고 계십니다."

나는 나를 인도하는 천사와 처음으로 분명한 대화를 나누었
다. 그리고 나는 마차를 타고 올라갔다.

주님이 기다리고 계셨다.

이제는 신랑 신부의 감정보다 나는 어린아이의 심정으로 그
분이 아빠로 여겨졌다.

나는 주님을 만나자마자 "아빠 저를 용서하여 주세요." 라고
말했다. 아빠는 괜찮다! 하시면서 내 머리를 쓰다듬어 주시는
것이었다.

[고후 6:1-2] (1)우리가 하나님과 함께 일하는 자로서 너희를 권하노니 하나님의 은혜를 헛되이 받지 말라 (2)가라사대 내가 은혜 베풀 때에 너를 듣고 구원의 날에 너를 도왔다 하셨으니 보라 지금은 은혜 받을만한 때요 보라 지금은 구원의 날이로다

천국에 들어선 나는 지난번과 같이 여전히 다이아몬드 면류관에 흰 드레스를 입고 있었다. 그런데 이번에는 주님과 내가 구름을 타는 것이 아니라 대개는 구름을 자가용처럼 타고 날아다니는데 이번에는 구름이 아니고 바닷가의 아주 큰 조개비 같이 생긴 바깥 겉 색깔이 분홍빛과 주홍빛의 중간색깔이고 겉이 빛살무늬 모양처럼 생긴 꼭 보트모양의 크나큰 조개비에 주님과 내가 타는 것이었다. 왜 무슨 일일까? 왜 오늘은 구름을 타지 않고 이러한 조개비를 타는지 나는 이상하다 못하여 참으로 신기한 느낌까지 들었다. 왜냐하면 지금까지 조개비를 타고 날은 적이 없었기 때문이다.

보트안은 즉 조개비의 안은 보통 바닷가의 조개비가 그렇듯이 매끄럽고 은색 빛나는 하얀색이었다. 주님은 나에게 물으신다. "어디를 가고 싶니?" 나는 한 번의 고민도 없이 "아빠, 유리 바다요..." "그래 가자" 우리는 구름대신 그 아름다운 주홍빛 조개비를 타고 날았다.

내가 천국을 보는 것을 별로 감사치 않은 것에 대하여 철저

히 회개하고 나니 주님이 나에게 내가 그렇게 보고 싶어 하였던 유리바다를 보게 하시는 것을 느꼈다. 그래서 아시면서도 어디를 가고 싶으냐? 하고 물으신 것이다. 그리고 주님은 이미 내가 유리바다라고 대답할 것을 알고 계셨던 것이다. 그래서 주님은 내가 천국에 가자마자 구름대신 조개비를 준비하신 것이다.

그리고 그 조개비는 유리바다에 살짝 내려앉는 것이었다. 그리고 이 조개비가 유리바다에서 보트대신 우리를 태우고 있었던 것이다.

아하! 주님이 내가 유리바다로 가자고 할 것을 미리 아시고 구름대신 미리 보트 역할을 할 큰 조개비를 준비하신 것이다. 할렐루야. 아멘 아멘.

이렇게 나는 주님이 먼저 미리 아시고 치밀하게 나의 천국여행을 준비하셨다는 사실을 알게 되었다. 이것은 참으로 나에게 놀라움으로 와 닿았다. 그리고 큰 조개비를 타고 날았던 것도 이번이 처음이었던 것이다.

[계 15:2-4] (2)또 내가 보니 불이 섞인 유리 바다 같은 것이 있고 짐승과 그의 우상과 그의 이름의 수를 이기고 벗어난 자들이 유리바다 가에 서서 하나님의 거문고를 가지고 (3)하나님의 종 모세의 노래, 어린 양의 노래를 불러 가로되 주 하나님 곧 전능하신 이시여 하시는 일이 크고 기이하시도다 만국의 왕이시여 주의 길이 의롭고 참되시도다 (4)주여 누가 주의 이름을 두려워하지 아니하며 영화롭게 하지 아

니하오리이까 오직 주만 거룩하시니이다 주의 의로우신 일이 나타났
으매 만국이 와서 주께 경배하리이다 하더라

유리바다에는 잔잔히 물결이 일고 있었다. 나는 주님께 질문
하였다. "주님 이 유리바다 안에도 물고기가 사나요?" 하고 묻
는 순간에 유리바다 안에 주황색의 큰 물고기가 헤엄치는 것이
보였다. 그리고 갑자기 그 물고기가 뛰어올라 나에게 인사를
한다.

우리 위에서는 두 날개 달린 흰 옷 입은 천사가 나팔을 불고
있었다. 우리는 유리바다 위에 아름다운 조개비를 타고 있었고
물속에는 주황색의 물고기가 날고 있었고 우리 위에는 천사가
나팔을 불고 있는 그야말로 아름다운 모습이었다.

우리는 한참을 그렇게 있었다. 그리고 주님과 나는 그 조개
비를 그 유리바다에 그냥 띄워 놓은 채 구름을 타고 다시 날았
다. 그 다음 간 곳이 생명강가와 생명과일이 있는 곳이었다. 분
명히 그 과일은 복숭아인데 어린애 머리통만한 크기로 아주 컸
다. 나는 그것을 따서 먹었다.

나는 주님에게 부탁의 말씀을 드렸다.

"주님 저에게는 남에게 안보여준 것 좀 보여 주세요"라고 했
다. 그리하였더니 주님이 나를 데리고 간 곳은 천국에 있는 은
행이었다. 두 군사가 무장을 하고 은행 입구 바깥에 서 있었다.

그들은 갑옷을 입고 투구를 쓰고 창을 세우고 보초 서듯이 서 있었다. 나는 이들이 천국에 있는데 왜 이렇게 무장을 하고 은행을 지키듯이 서 있는지에 대하여 약간 궁금했다. 그러나 이것은 어디까지나 주님이 내게 이곳은 은행의 이미지를 나에게 알려 주시기 위함이라 생각이 들었다.

건물 안에 들어서니 와우 할 정도로 안이 다 대리석으로 웅장하게 지어져 있었다. 아니 여기가 어디야 할 정도로 멋있었다. 이 대리석들을 자세히 보면 그것들은 다 금으로 만들어진 것들이었다. 우리 지상에 있는 은행들은 대개 유리창 안에 칸막이 식으로 teller 들이 앉아 있는데 이 천국은행에는 그 은행원들이 앉는 자리가 열려 있고 내가 본 은행원들은 두 세 명의 천사들이었다.

주님은 은행 안에 들어서자 가장 먼저 마주친 천사에게 내 통장을 가져오라 하신다. 천사가 안으로 들어가 내 통장을 가지고 나오는데 그 통장책이 얼마나 아름다운 황금으로 되어 있는지 책갈피가 다 아름다운 황금으로 되어 있었다.
그리고 그 순간 천국의 계산 방법이 그냥 알아졌는데 과부의 두 렙돈이 생각난 것이다.

[눅 21:1-4] (1)예수께서 눈을 들어 부자들이 연보궤에 헌금 넣는 것을 보시고 (2)또 어떤 가난한 과부의 두 렙돈 넣는 것을 보시고 (3)가라

사대 내가 참으로 너희에게 말하노니 이 가난한 과부가 모든 사람보다 많이 넣었도다 (4)저들은 그 풍족한 중에서 헌금을 넣었거니와 이 과부는 그 구차한 중에서 자기의 있는바 생활비 전부를 넣었느니라 하시니라

그 다음 나는 천국과 지옥을 다녀온 어떤 목사님을 들먹이면서 주님께 이렇게 말했다.

'주님 그분은 천국에서 인간창조 역사관을 보았다는데 저도 그것을 좀 보여 주세요!'라고 했다.

'주님 그리고 그분의 말에 의하면 이 천국이 여러 층이 있다는데 주님 저에게도 좀 보여 주세요!' 하였더니 주님이 말씀하신다. "천천히 하자"

그리고 나는 내려왔다.

인간 창조
역사관을 가보다

(2013. 11. 18)

두 흰 말을 가지고 황금 꽃수레를 가지고 나를 데리러 온 천사 중 한 명이 나에게 이렇게 말한다. 나를 보자마자

"주님이 기다리십니다." 할렐루야! 얼마나 감사한지·······.

천국에 올라갔다. 나는 주님을 보자마자 내가 주님 손을 잡고 싶다고 했다. 그리고 주님의 손을 잡았다. 나는 주님께 다른 손도 잡아달라고 했다. 그리하였더니 주님이 나의 두 손을 잡으시자 나를 빙 돌려서 나의 두 손을 잡으신 채로 나를 업으시는 것이었다.

할렐루야. 얼마나 기분이 좋았는지··········.

나는 너무 좋아서 까르륵거렸다.

그리고는 나를 내려놓으셨는데 나는 주님과 함께 구름을 탔다. 그런데 이번에는 구름위에 두 사람이 앉을 수 있는 벤치가 있다. 주님과 나는 그 구름벤치에 앉아갔다.

그리고 우리는 날았고 우리 옆쪽으로 두 날개 달린 흰 옷 입

은 천사가 날면서 나팔을 부는 것이었다. 그리고 한참을 날아 갔다. 어느 순간에 회색과 쑥색이 섞인 둥그런 큰 지붕이 보이 는데 우리가 위에서 내려다보는 격이었다.

전체적으로는 위에서 내려다보이는 지붕은 둥근형이고 무늬 가 가운데를 중심으로 나선형들같이 돌아가고 있는 형태의 지붕 뚜껑이 보이는 것이었다. 아마도 우리가 위에서 보니까 그런 것 같다. 나는 '아니 저것이 무엇이지?' 하는 순간에 우리는 어느새 그 건물로 들어가는 입구가 있는 복도에 서 있었던 것이다.
그곳에는 흰 옷 입은 한 명의 천사가 우리를 맞이했다.

안으로 들어가니 와우! 높은 천정에 아주 높고 넓은 곳인데 벽에 아주 고급스러운 큰 액자에 그림들이 걸려 있었다. 순간 아하 이곳이 박물관이구나! 하는 생각이 들었다. 내가 어제 주 님께 인간 창조 역사관을 물었는데 내가 지금 거기 와 있다는 사실을 알았다. 그 안에는 몇 사람이 그림 쪽을 향하여 그림들 을 구경하고 있었다.

사람들이 보고 있다가 주님이 들어서니 그전에는 나도 별로 못 느꼈는데 주님의 주위로 바닥에 그 영광이 퍼져 나가는 것이었 다. 이것을 알아보고 사람들이 그림을 보다가 뒤를 돌아보았다. 그리고 주님께 반가이 인사를 했다. 모두가 '주님께 영광!'하고 인사를 했다. 주님에게서 그 영광의 빛이 건물 안으로 들어서면서 주님 옷자락에서부터 빛의 영광이 주님 주위로 퍼져 나갔던 것이다.

그랬더니 그림을 보고 있던 저들이 그 영광의 빛을 알아보고서는 뒤를 돌아보는 것이었다. 즉 주님에게서 나가는 그 영광의 빛은 필요할 때만 주님이 자신으로부터 나가게 하시는 것 같았다. 왜냐하면 나는 그 영광의 빛을 오늘 처음 보았기 때문이다.

그러고 나서 나는 주님께 여쭈었다.
"주님 제가 어디서부터 봐야하나요?"
주님은 나를 밑으로 내려가는 계단으로 안내하시는 것이었다. 아래로는 3층까지 있었다. 가장 아래층으로 내려갔다. 가장 처음에 있는 그림은 태초에 하나님께서 천지를 창조하시니라 하는 그림이었다. 그 다음 아담과 하와가 보였다. 죄를 짓기 전의 얼굴들은 너무 싱그럽고 예뻤다.
그런데 죄를 지은 후의 그들의 얼굴은 너무나 추하고 달라 보였다. 어두운 그림자가 얼굴에 가득했다.

[창 3:6-11] (6) 여자가 그 나무를 본즉 먹음직도 하고 보암직도 하고 지혜롭게 할만큼 탐스럽기도 한 나무인지라 여자가 그 실과를 따먹고 자기와 함께 한 남편에게도 주매 그도 먹은지라 (7) 이에 그들의 눈이 밝아 자기들의 몸이 벗은 줄을 알고 무화과나무 잎을 엮어 치마를 하였더라 (8) 그들이 날이 서늘할 때에 동산에 거니시는 여호와

하나님의 음성을 듣고 아담과 그 아내가 여호와 하나님의 낯을 피하여 동산 나무 사이에 숨은지라 (9) 여호와 하나님이 아담을 부르시며 그에게 이르시되 네가 어디 있느냐 (10) 가로되 내가 동산에서 하나님의 소리를 듣고 내가 벗었으므로 두려워하여 숨었나이다 (11) 가라사대 누가 너의 벗었음을 네게 고하였느냐 내가 너더러 먹지 말라 명한 그 나무 실과를 네가 먹었느냐

그리고 그때 하와를 유혹하였던 뱀이 보였는데 머리는 뱀인데 네 발이 달려 있었다.

나는 아하 저 네 발로 걸었었구나! 라고 생각했다.

[창 3:14-15] (14) 여호와 하나님이 뱀에게 이르시되 네가 이렇게 하였으니 네가 모든 육축과 들의 모든 짐승보다 더욱 저주를 받아 배로 다니고 종신토록 흙을 먹을지니라 (15) 내가 너로 여자와 원수가 되게 하고 너의 후손도 여자의 후손과 원수가 되게 하리니 여자의 후손은 네 머리를 상하게 할 것이요 너는 그의 발꿈치를 상하게 할 것이니라 하시고

그 다음 가인과 아벨이 보였다. 가인이 동생 아벨을 시기하여 들에서 그를 죽인 것 생각하니 더 이상 그림을 보기 싫었다. 내가 주님께 말했다.

"주님 다음에 또 볼래요." "그래" 하시면서 우리는 거기서 나왔다. 구름을 타고 나온 것이다.

그 다음에는 지옥의 한 장면이 내게 보였다.

진흙구덩이에서 담가졌다가 괴로워 올라오는 한 영혼이 보였다.

처음에는 두 손이 올라오더니 그 다음 얼굴이 보였다.

눈도 없고 그 안에는 진흙이 채우고 있었고 또 그 진흙이 얼굴로 흐르고 있었다.

그 다음에는 그가 또 쇠창살 안에 갇혀 있는 것이 보였다.

마귀부하가 바깥에서 벌겋게 달군 인대를 가지고 들어와서 그 영혼의 배를 마구 찌르는 것이 보였다. 살이 찌이익 하고 타는 소리와 냄새가 나는 것 같았다.

나는 속으로 "주여!" 하고 소리쳤다.

저 사람은 어찌하여 저러한 고통을 당하나이까? 라고 나는 주님께 속으로 물었다.

주님은 나에게 그는 남을 속이고 사기친 자라는 것을 알게 하여 주셨다.

천국의 어린이들의
놀이터를 가보다

(2013. 11. 19)

천국에 올라가니 주님이 나를 환영하여 맞이하시는데 이렇게 말씀하신다. '어여쁜 나의 신부야 어서 오너라.'

나는 주님을 보는 것이 너무 기쁘다.

주님과 같이 가는데 오늘 따라 아기 천사들이 줄지어 날면서 우리 머리위로 따라온다. 나는 웬일이지 오늘 따라 왜 아기 천사들이 따라오지? 하고 궁금하였다.

그러더니 우리 앞에 무슨 터널 같은 것이 나타났다. 그러자 아기 천사들이 먼저 터널 같은 곳을 안쪽으로 위쪽으로 하여 줄지어 날아 들어가는 것이었다.

주님과 나도 같이 그 터널로 들어갔다. 그 터널 안은 바닥은 하얀데 위와 옆은 다 캄캄했다. 아니 이 길이 어디로 가는 길인가? 혹 지옥인가? 아닌데..... 지옥으로 가면서 왜 이런 아기 천사들이 같이 갈 리가 없는데 하고 생각하고 있는데 아니나 다를까 저기 터널 끝에서 아주 환한 빛이 들어온다. 그리고 우리는 곧 그 빛이 환하게 비치는 곳으로 나왔다.

오 할렐루야! 거기는 어린아이들이 노는 놀이터였다. 그래서 처음부터 아기 천사들이 우리를 따라온 것이 이해가 되어졌다.

아이들이 놀이터에서 놀고 있었다.

그네도 있고 미끄럼틀도 있고 가운데를 중심으로 하여 앉아서 빙빙 도는 것들도 있었다.

마리아가 왔다. 얼굴이 아주 미인이다.

와서 주님께 뭐라 뭐라 하신다.

주님은 마리아와 함께 곧 가봐야 한다고 했다.

나는 두 분께 인사하고 내려왔다.

천국에서
다니엘을 만나다

(2013. 11. 20)

나를 수호하는 천사가 나를 황금마차에 태우기 전에 주님이 나를 기다리신다 말했다.

황금마차에 타자마자 천국에 도착했다.

그런데 바로 성 안으로 인도함을 받았다. 그 성은 황금성이었다.

그 황금성은 참으로 화려하였고 웅장하였다.

양쪽에는 천사들이 쭉 늘어서 있고 주님은 황금으로 된 보좌에 앉아 계셨다.

나는 우선 그분의 발밑에 꿇어앉아서 울었다. 내가 얼마나 주님이 보고 싶었는지가 눈물로 표현되는 것이었다. 그러한 나를 보고 주님은 활짝 웃으시는 것이었다.

그때 천국에는 주님을 보고 싶어 하고 사모하는 그 아릿한 나의 마음을 표현하는 음악이 울려 퍼지는 것이었다.

그러나 아직 나에게는 그 천국음악이 들리지 아니하였다.

나는 단지 내 마음을 절실하게 표현하는 음악이 울려 퍼진다는 사실만 알 수 있었다. 할렐루야!

그리고 주님과 함께 나는 그 궁을 나왔다. 성 밖에서 봐도 그 성은 엄청나게 웅장하였다.

주님과 나는 구름을 타고 다니엘의 집으로 갔다. 주님과 나 그리고 다니엘 셋이 테이블에 앉았다.

다니엘은 옅은 색깔의 머리에 얼굴이 정말 아름다운 청년이었다. 나는 다니엘에게 질문이 있다고 했다.

주님은 다니엘에게 나의 질문에 답하라고 말씀하셨다.

그리고 나는 질문을 시작했다.

다니엘 선생님은 어떻게 사자굴에 던져질 것을 알면서도 그렇게 기도를 멈추지 않았느냐고 물었다.

그리하였더니 다니엘이 말하기를

그는 그의 백성들을 위하여 하루에 세 번씩 예루살렘을 향하여 창문을 열고 기도하고 있었다고 말했다. 그리고 그는 그 기도를 멈출 수가 없었다고 말했다.

또한 말하기를 "나는 사람을 무서워하지 아니하였어요." 라고 말하는 것이었다. 그 때 나에게는 성경에서 '사람이 내게 어찌하리요' 하는 성경구절이 생각났다.

[히 13:6] 그러므로 우리가 담대히 가로되 주는 나를 돕는 자시니 내가 무서워 아니하겠노라 사람이 내게 어찌하리요 하노라

[갈 1:10] 이제 내가 사람들에게 좋게 하랴 하나님께 좋게 하랴 사람들에게 기쁨을 구하랴 내가 지금까지 사람의 기쁨을 구하는 것이었더면 그리스도의 종이 아니니라

다니엘은 사람들보다 하나님이 그에게 훨씬 더 커 보였고 또 중요하였던 것이다.

그리고 또 다니엘은 이렇게 말한다.
주님이 저에게 내가 사자굴에 던져질 것을 알았을 때에 이렇게 말씀을 주셨어요.
"놀라지 말라 두려워 하지 말라 내가 너와 함께 함이니라."
할렐루야.
그러므로 그는 사자굴에 던져지기까지 하루 세 번 하나님께 기도함을 멈출 수 없었던 것이다. 할렐루야.

[단 6:10-13] (10)다니엘이 이 조서에 어인이 찍힌 것을 알고도 자기 집에 돌아가서는 그 방의 예루살렘으로 향하여 열린 창에서 전에 행하던 대로 하루 세번씩 무릎을 꿇고 기도하며 그 하나님께 감사하였더라 (11)그 무리들이 모여서 다니엘이 자기 하나님 앞에 기도하며 간구하는 것을 발견하고 (12)이에 그들이 나아가서 왕의 금령에 대하여

왕께 아뢰되 왕이여 왕이 이미 금령에 어인을 찍어서 이제부터 삼십 일 동안에 누구든지 왕 외에 어느 신에게나 사람에게 구하면 사자 굴에 던져 넣기로 하지 아니하였나이까 왕이 대답하여 가로되 이 일이 적실하니 메대와 바사의 변개치 아니하는 규례대로 된 것이니라 (13) 그들이 왕 앞에서 대답하여 가로되 왕이여 사로잡혀 온 유다 자손 중에 그 다니엘이 왕과 왕의 어인이 찍힌 금령을 돌아보지 아니하고 하루 세번씩 기도하나이다

그리고 다니엘은 이렇게 말하였다.

그 후에 그가 굴속에 던져졌는데 굴속에 들어가니 사자들이 너무 얌전히 앉아 있더라는 것이었다. 그리고 그 며칠 굶은 사자들은 그 다음날 자기가 밖으로 나올 때까지 그렇게 얌전히 있었다 한다.

[단 6:19-24] (19)이튿날에 왕이 새벽에 일어나 급히 사자굴로 가서 (20)다니엘의 든 굴에 가까이 이르러는 슬피 소리질러 다니엘에게 물어 가로되 사시는 하나님의 종 다니엘아 너의 항상 섬기는 네 하나님이 사자에게서 너를 구원하시기에 능하셨느냐 (21)다니엘이 왕에게 고하되 왕이여 원컨대 왕은 만세수를 하옵소서 (22)나의 하나님이 이미 그 천사를 보내어 사자들의 입을 봉하셨으므로 사자들이 나를 상해치 아니하였사오니 이는 나의 무죄함이 그 앞에 명백함이오며 또 왕이여 나는 왕의 앞에도 해를 끼치지 아니하였나이다 (23)왕이 심히 기뻐서 명하여 다니엘을 굴에서 올리라 하매 그들이 다니엘을 굴에서

올린즉 그 몸이 조금도 상하지 아니하였으니 이는 그가 자기 하나님을 의뢰함이었더라 (24)왕이 명을 내려 다니엘을 참소한 사람들을 끌어오게 하고 그들을 그 처자들과 함께 사자 굴에 던져 넣게 하였더니 그들이 굴 밑에 닿기 전에 사자가 곧 그들을 움켜서 그 뼈까지도 부숴뜨렸더라

주님은 다니엘이 굴에 떨어지기 전에 천사들로 하여금 그들의 입을 봉하게 하여 놓으셨던 것이다. 그래서 그들은 다니엘이 굴에 떨어졌을 때에 얌전히 앉아 있었다. 그러나 다니엘이 굴에서 나오자 천사들은 그들의 봉한 입을 풀어주었던 것이다.
할렐루야.

나는 다니엘의 꿈을 해석하는 은사가 나에게 전달되기를 원한다고 했다. 그랬더니 다니엘이 손을 내 손에 얹고 그 위에 주님의 손이 얹어지고 그리고 그렇게 되도록 기도하여 주시는 것이었다. 할렐루야. 오늘 다니엘을 만나게 해주신 주님께 감사한다.

참고로 다니엘의 집을 여기서 묘사하고자 한다. 사실 다니엘의 집은 어제 밤에 보았다.

다니엘의 집 앞에는 한없이 넓은 잔디밭이 구비 구비 있었다. 엄청 넓었다.

그리고 다니엘의 집은 그 건물이 신식 건물로 큰 국회 의사당 처럼 생긴 궁같이 보였다. 그 크기는 엄청 크고 넓고 웅장한 집 이었다.

이 사진은 다니엘의 집과 아주 유사하다

지옥에서
불륜으로 인하여
가정을 파괴한
자들을 보다

(2013. 11. 20)

어쩐지 두 번째 방문은 지옥일 것 같았다..

아니나 다를까 올라가자마자 지옥의 장면이 보였다.

두 남녀가 벌거벗고 있는 모습이 보였다. 한 여자와 한 남자가 절벽에 매달려 있었다. 그들은 두 손을 위로 하여 묶여 있는 것이었다.

마귀의 부하들이 여자와 남자의 궁둥이를 둔탁한 매로 아주 매섭게 내리친다. 그들의 엉덩이에서 피가 터져 나왔다.

그리고 한 마귀의 부하가 남자의 그것을 힘껏 잡아 당겨서 뜯어 먹는 것이다.

또 다른 한 마귀의 부하는 여자의 그곳에 긴 쇠꼬챙이를 집어넣어서 쑤시는 것이었다.

마귀의 부하들은 이 짓을 계속 되풀이 하였다.

나는 과연 이들이 어떤 죄를 저질렀기에 이런 고통을 당하는

가를 생각했는데 나에게 알아지는 것이 여자는 가정이 있는 여자였고 아이까지 둘 있는 여자였으며 옆에 있는 남자는 독신인 남자였다. 그런데 그들은 그렇게 불륜을 저지름으로 말미암아 살아 있었을 때에 가정이 깨어지게 하였던 장본인이었다는 것이 알아졌다.

한 달 전에
돌아가신 목사님을
천국에서 보다

(2013. 11. 21)

천국에 도착하자 주님이 나를 저 멀리 아주 환하게 빛이 나는 곳으로 데리고 가셨는데 그곳은 주님의 보좌 앞이었다. 양쪽으로 많은 천사들이 맞아 주었고 주님과 함께 그 궁으로 들어갔다. 주님은 주님의 보좌에 앉으셨고 나는 죄인처럼 바닥에 엎드리려 하였으나 주님은 나를 주님의 왼편에 작은 의자에 앉혀 주셨다.

그곳은 주님의 왼편으로 천사들이 있는 쪽이었고 주님과 가까이 있는 앞쪽이었다.

거기에 내가 앉는 의자가 있었다. 천사들은 서 있었다.

나는 앉은 채로 주님께 임OO 을 보고 싶다고 했다. 그리하였더니 저기 입구에서 한 젊은이가 들어오는데 얼굴이 조금 길다. 그리고 약간 우락부락한 형이다. 옷은 흰 옷은 흰 옷인데 그렇게 하얗거나 빛나지 아니하였고 면류관을 쓰고 있지 않았다.

***이 임○○ 목사님에 대한 이야기를 여기서 잠깐 해야겠다.

어저께 한국에서 전화가 걸려왔다. 내가 천국과 지옥을 보고 있다는 것을 알고 계신 어느 한 목사님에게서 온 전화다.

서 목사님, 최근에 제가 아는 목사님 한분이 돌아가셨는데 사모님이 굉장히 궁금하여 하시는데 혹 임○○ 목사님이 천국 오셨는지 한번 봐 주시겠습니까? 천국가거든 주님께 여쭈어 보라는 것이다. 그 목사님은 살아계셨을 때에 고생을 많이 하셨다고 한다. 성도도 없었고 가정도 그렇게 원만하지 못했고 등등....

한국의 그 목사님이 하도 간곡히 부탁을 하시는지라 나는 주님께 꼭 물어 보아야겠다고 생각하고 천국에 올라갔는데 주님은 이 목사님을 나에게 오늘 보여 주신 것이다. 그러나 나는 그분을 한 번도 본적이 없으므로 이 분이 맞는지 아닌지 솔직히 말해 내가 잘못 본 것은 아닌지 궁금하였다. 그래서 그분의 전화가 다시 걸려 왔을 때에 내가 먼저 질문하였다. 그분이 혹시 어떻게 생기셨나요? 그랬더니 대뜸하시는 이야기가 "아 얼굴이 좀 길고요" 라고 시작했다. 그래서 나는 "아, 그러면 맞습니다. 제가 처음 본 순간 느낀 것이 그분의 얼굴이 길다는 것이었습니다." 라고 말했다.

그래서 나는 그분에게 말했다. "네 천국에서 보았습니다." 하였더니 얼마나 기뻐하셨는지 모른다. "아 그분이 천국에 가셨네요." 하면서 기뻐하셨다.

[마 7:21-23] (21)나더러 주여 주여 하는 자마다 천국에 다 들어갈 것이 아니요 다만 하늘에 계신 내 아버지의 뜻대로 행하는 자라야 들어가리라 (22)그 날에 많은 사람이 나더러 이르되 주여 주여 우리가 주의 이름으로 선지자 노릇하며 주의이름으로 귀신을 쫓아 내며 주의 이름으로 많은 권능을 행치 아니하였나이까 하리니 (23)그 때에 내가 저희에게 밝히 말하되 내가 너희를 도무지 알지 못하니 불법을 행하는 자들아 내게서 떠나가라 하리라

그리고서는 임○○이 사라지고 주님과 나는 그 자리를 나와서 구름을 타고 인간역사 창조관에 도착하였다.

복도가 보이고 천사가 눈 앞 입구에서 우리를 맞이했다. 인간역사 창조관의 바닥은 참으로 아름다운 청록색의 대리석으로 되어 있다. 박물관으로 들어가자마자 나는 주님과 마음으로 약간 실랑이를 하였다. 어디를 볼 것인가 하는 것이었다.

나의 제 일 관심은 마지막 시대에 일어나는 일이었다.
그런데 주님은 어떤 이유인지 잘 모르겠으나 내게 그것을 허락지 않는다는 사실을 알았다. 마음으로 느껴지는 것이다. 나는 그것을 알 수 있었다. 왜 그런지....

나에게는 없어야 할 조그마한 명예심이 발견되었기 때문이다. 즉 내가 그것을 보게 되면 내가 남보다 더 많이 안다는 자만심이 생기게 될 것이기 때문이라는 것을 알 수 있었다.

그러므로 주님은 내게 마지막 시대에 대한 것을 지금 보는 것을 허락하지 아니하시는 것이었다.

그러나 우리가 들어선 레벨은 신약의 시작 주님의 탄생부터 복음시대의 주님의 사역에 대한 것이었다. 그분이 승천하시기까지 말이다.

그 다음은 이 레벨위로는 다시 지상 1층, 2층, 3층으로 구성되어 있는데 지상 1층에는 분명히 사도행전부터 계시록의 7교회에 대한 것이 적혀 있었다.

그러나 아직 나에게 그 하나하나가 확실히 보이는 것이 아니었다.

성경에 나오는
한 죄인인 여인을
천국에서 만나다

(2013. 11. 22)

황금마차를 타고 가면서부터 나는 울고 있었다.

나는 주님이 너무 보고 싶었기 때문이다. 그리고 천국에 도착했다. 주님이 오늘은 키기 훨씬 커 보이시면서 하얀 긴 옷을 입고 계셨다. 나는 그 긴 옷에 파묻혀 울었다 (이것은 내가 나중에 알게 된 사실인데 그분의 자애롭고 배려하심으로 인하여 내가 그 옷에 파묻혀서 울 것을 아시고 그분의 키가 다른 때보다 훨씬 크게 보이게 하시고 또한 긴 옷을 입으셨다고 말할 수밖에 없다)

주님이 말씀하신다. "아가야...." 하시면서 나를 위로하여 주셨다.

나는 여전히 머리에 면류관을 쓰고 있고 흰 긴 드레스를 입고 있었다. 주님과 나는 한참 황금대로를 걸었다. 나는 주님하고만 있고 싶었다. 내 사랑하는 주님과 함께만 말이다.

그런데 한참 그렇게 걷고 있는데 우리 앞에 황금독수리가 와서 주님과 나를 태워서 나는 것이었다. 기분이 너무 좋았다.

주님과 나를 태운 황금 독수리는 높이높이 날았으며 또한 저 먼 곳까지 가서 유리 바다위로 쭉 날아 가다가 다시 방향을 돌려서 우리를 인간창조 역사관에 내려준 것이다.

주님과 내가 문안에 들어서자마자 나는 주님께 졸랐다.

주님 이 층 안에 걸려 있는 그림을 확실히 보이게 하여 달라고 했다. 그러자 내 바로 앞에 있는 그림이 확실히 보였다.

그 그림은 한 죄인인 여인이 예수님의 발에 눈물을 흘리고 그 머리털로 그 발을 씻는 장면이었다.

그 그림을 보고 있는데 그 여인이 실제로 우리 옆에 나타났다. 눈이 크게 쌍꺼풀이 진 얼굴이 동그란 여인이었다. 머리에는 장식용의 천을 쓰고 있었고 흰 드레스를 입고 있었다.

우리는 (주님, 나, 그리고 그 여인) 어느새 그 여인의 집에 와 있었다.

[눅 7:36-38] (36)한 바리새인이 예수께 자기와 함께 잡수시기를 청하니 이에 바리새인의 집에 들어가 앉으셨을 때에 (37)그 동네에 죄인인 한 여자가 있어 예수께서 바리새인의 집에 앉으셨음을 알고 향유 담은 옥합을 가지고 와서 (38)예수의 뒤로 그 발 곁에 서서 울며 눈물로 그 발을 적시고 자기 머리털로 씻고 그 발에 입맞추고 향유를 부으니

우리는 집안에 있는 테이블에 앉았는데 검은 회색깔에 작은 흰색의 반점들이 점점이 들어있는 보석 테이블이었다.

주님과 나 그리고 그 여인이 테이블에 같이 앉아서 국물이 들어 있는 국수를 먹었다. 나는 기분이 너무 좋았다. 아니 내가 천국에서 국수를 먹다니... 하면서 말이다.

그리고 테이블위에는 황금보석함이 있었는데 주님은 그 보석함을 열고 그 안에 들어 있는 큰 다이아몬드 황금반지를 내게 주시는 것이다. 그 반지는 너무 예뻤다.

순간 주님이 왜 이 황금반지를 주시나 생각해 보았는데 내가 이틀 전 중국타운에 가서 전도할 때 보석집들이 쭉 골목길에 들어서 있는 곳을 전도하러 들어갔다. 모두가 다 보석집들이라 들어가서 구경하는 척 하고 전도지를 돌려야 했다. 그래서 실제로 마음에 드는 것들을 손에 끼어보기까지 했다.

그런데 가격은 만만찮았다. 7000불에서 15000불 정도는 보통이었다.

와우 비싸다. 나는 돈이 없어서 이런 것 못 사서 끼는데 하면서 이것들을 사서 끼는 사람들이 약간 부럽기도 했다. 다이아몬드 크기에 따라 가격이 다른데 링은 황금이고 그 위에 대개는 다이아몬드가 꽂혀 있었다. 이것저것 끼어보고 다음에 온다 하고 전도지를 주고는 나오곤 했다. 그런데 주님은 그것을 아시고 나에게 오늘 내가 본 것들 중에서 가장 아름다운 것보다 더 아름다운 황금 다이어 반지를 오늘 나에게 주시는 것이었다. 주님께 죄송하기도 했고 민망하기도 했고 그랬다. 왜냐하면 조금이라도 내가 그것을 가진 자들을 부러워하였다는 것이 들킨 것 같은 그러한 느낌이라 민망스러웠다. 주님 죄송해요 그리고 감사해요 이렇게 아름다운 황금 다이아몬드 반지를 저에게 선물하여 주시다니요. 할렐루야!

주님은 그것을 아셨던 것이다. 그리고 이미 준비하여 두셔서 나에게 주시는 것이었다.

주님, 백 목사님 집회 때에 회개가 많이 터졌대요. 라고 말하니 주님이 국수를 드시다가 눈물을 한 두방울 흘리신다. 그리고 말씀하시기를 내가 거기에 있었노라고 말씀하신다.
할렐루야!

[요일 2:15-17] (15)이 세상이나 세상에 있는 것들을 사랑치 말라 누구든지 세상을 사랑하면 아버지의 사랑이 그 속에 있지 아니하니 (16)이는 세상에 있는 모든 것이 육신의 정욕과 안목의 정욕과 이생의 자랑이니 다 아버지께로 좇아 온 것이 아니요 세상으로 좇아 온 것이라 (17)이 세상도, 그 정욕도 지나가되 오직 하나님의 뜻을 행하는 이는 영원히 거하느니라

천국에서
솔로몬을 만나다

(2013. 11. 22)

아침에 두 번째 천국에 올라갔다.

천사들이 몇 명이 더 나와 나를 마중했다. 그들은 내가 도착하자 자기네들끼리 웅성웅성하는 것이었다. 무슨 일인가 하고 생각하고 있는데 그중에 한 명이 펜과 기록하는 공책을 가지고 주님과 내가 구름을 타고 가는데 그도 따라 타는 것이었다. 즉 그는 기록하는 천사였다.

그리고 우리는 인간창조 역사관에 도착했는데 그 건물 안에 들어서자마자 그 기록하는 자도 따라 들어 왔다.

들어서자마자 한 청년이 하얀 천을 어깨에서부터 내려뜨린 채로 바닥에 끌리는듯하게 내리게 옷을 입은 한 미남 청년이 나타났는데 누군가 했더니 그가 솔로몬이었다.

그래서 우리는 자연히 솔로몬의 행적을 보러 같이 지하 2층으로 내려간 것이다. 거기는 솔로몬이 하나님의 성전을 지은 것과 그 성전을 짓고 나서 백성들 앞에서 하늘을 향하여 감사 기도를 하는 그림들이 있었다.

[왕상 8:18-20] (18)여호와께서 내 부친 다윗에게 이르시되 네가 내 이름을 위하여 전을 건축할 마음이 있으니 이 마음이 네게 있는 것이 좋도다 (19)그러나 너는 그 전을 건축하지 못할 것이요 네 몸에서 낳을 네 아들 그가 내 이름을 위하여 전을 건축하리라 하시더니 (20a) 이제 여호와께서 말씀하신 대로 이루시도다

[왕상 8:26-30] (26)그런즉 이스라엘 하나님이여 원컨대 주는 주의 종 내 아비 다윗에게 하신 말씀이 확실하게 하옵소서 (27)하나님이 참으로 땅에 거하시리이까 하늘과 하늘들의 하늘이라도 주를 용납지 못하겠거든 하물며 내가 건축한 이 전이오리이까 (28)그러나 나의 하나님 여호와여 종의 기도와 간구를 돌아보시며 종이 오늘날 주의 앞에서 부르짖음과 비는 기도를 들으시옵소서 (29)주께서 전에 말씀하시기를 내 이름이 거기 있으리라 하신 곳 이전을 향하여 주의 눈이 주야로 보옵시며 종이 이곳을 향하여 비는 기도를 들으시옵소서 (30) 종과 주의 백성 이스라엘이 이곳을 향하여 기도할 때에 주는 그 간구함을 들으시되 주의 계신 곳 하늘에서 들으시고 들으시사 사하여 주옵소서

또 하나의 다른 그림은 두 아이의 엄마가 한 아이를 데리고 나타나 서로 자기 아이라 주장했을 때 솔로몬이 지혜롭게 재판하는 장면이 있었다.

[왕상 3:16-28] (16)때에 창기 두 계집이 왕에게 와서 그 앞에 서며 (17)한 계집은 말하되 내 주여 나와 이 계집이 한 집에서 사는데 내가 저와 함께 집에 있으며 아이를 낳았더니 (18)나의 해산한지 삼일에 이 계집도 해산하고 우리가 함께 있었고 우리 둘 외에는 집에 다른 사람이 없었나이다 (19)그런데 밤에 저 계집이 그 아들 위에 누우므로 그 아들이 죽으니 (20)저가 밤중에 일어나서 계집종 나의 잠든 사이에 내 아들을 내 곁에서 가져다가 자기의 품에 누이고 자기의 죽은 아들을 내 품에 뉘었나이다 (21)미명에 내가 내 아들을 젖 먹이려고 일어나 본즉 죽었기로 내가 아침에 자세히 보니 내가 낳은 아들이 아니더이다 하매 (22)다른 계집은 이르되 아니라 산 것은 내 아들이요 죽은 것은 네 아들이라 하고 이 계집은 이르되 아니라 죽은 것이 네 아들이요 산 것이 내 아들이라 하며 왕 앞에서 그와 같이 쟁론하는지라 (23)왕이 가로되 이는 말하기를 산 것은 내 아들이요 죽은 것은 네 아들이라 하고 저는 말하기를 아니라 죽은 것이 네 아들이요 산 것이 내 아들이라 하는도다 하고 (24)또 가로되 칼을 내게로 가져오라 하니 칼을 왕의 앞으로 가져온 지라 (25)왕이 이르되 산 아들을 둘에 나눠 반은 이에게 주고 반은 저에게 주라 (26)그 산 아들의 어미 되는 계집이 그 아들을 위하여 마음이 불붙는 것 같아서 왕께 아뢰어 가로되 청컨대 내 주여 산 아들을 저에게 주시고 아무쪼록 죽이지 마옵소

서 하되 한 계집은 말하기를 내 것도 되게 말고 네 것도 되게 말고 나누게 하라 하는지라 (27)왕이 대답하여 가로되 산 아들을 저 계집에게 주고 결코 죽이지 말라 저가 그 어미니라 하매 (28)온 이스라엘이 왕의 심리하여 판결함을 듣고 왕을 두려워하였으니 이는 하나님의 지혜가 저의 속에 있어 판결함을 봄이더라

그러나 솔로몬의 나머지 한 일들 즉 나쁜 일들은 벽에 그림으로 나타나 있는 것이 아니라 주를 위하여 좋은 일한 것만 벽에 그림으로 나타나 있었다.

그의 그림들 밑에는 벽에 문을 열면 작은 선반들로 구분이 되어 있는 공간에 그의 나머지 행적들이 책들로 초록색 가죽 껍질에 황금으로 가장 자리를 장식한 책들로 보관되어 있었다. 이들이 그림들 밑에 벽에 보관되어 있었다.

그리고 나서 우리는 다시 지상 기본 층으로 올라와서 이제는 그 위에 있는 지상 1층으로 올라갔다.
거기에는 사도행전에 나오는 일들과 그리고 그 끝에는 7교회에 보내는 편지들이 있었다.

주님이 천국에서
키우시는
아이들을 보다

(2013. 11. 22)

보통 때와 같이 황금마차를 타고 천국에 올라갔다.

주님이 나와 함께 주님이 계시는 보좌로 이동하시는 것이었다.

주님이 보좌에 앉으시고 나는 주님의 왼쪽에 천사들이 쭉 나열하여 있는 쪽에 내 의자가 놓여 있는데 그곳에 앉았다. 그곳에 아예 내가 앉는 의자가 마련되어 있었다.

주님이 앉으신 보좌 옆에는 수많은 천사들이 늘어서 있었다.

그렇게 조금 앉아 있으니까 흰 짧은 드레스를 입은 아이들이 많이 들어오는 것이었다. 그들의 손에는 꽃바구니를 들고서 들어오면서 그 길에 꽃잎들을 주님과 나와 천사들 앞에서 공중에 뿌리는 것이었다. 주님은 아이들과 매우 기뻐하셨다. 나는 내의자에 앉아서 '이 아이들이 누굴까?'하고 생각하는데 그 대답이 그냥 내게 알아지는 것이었다. 그들은 부모들이 낙태한 아이들인데 부모가 그들을 낙태한 것을 철저히 하나님 앞에 회개하니 주님이 그들을 천국에서 키우시는 것이 그냥 알아지는 것이었다. 나는 순간 매우 안타까운 마음으로 혹시 내가 낙태한 아이가 있는지 아이들을 하나하나 훑어 보았으나 내 아이는 결코 그곳에 없다는 사실을 알았다. 아니 그것이 그냥 알아졌다. 참으로 마음이 안타까웠다.

아이들은 몸을 흰 색으로 다 가리고 있었고 짧은 흰 치마를 입고 있었으며 거기다가 흰 긴 양말을 신어서 온 몸이 그냥 흰 옷을 입은 것 같았다. 아이들은 매우 발랄했고 모두가 다 행복하여 보였다. 아이들이 나가고 주님과 나도 그 자리에서 나왔다.

[마 19:14] 예수께서 가라사대 어린 아이들을 용납하고 내게 오는 것을 금하지 말라 천국이 이런 자의 것이니라 하시고

천국에서
내 아이를 보다

(2013. 11. 23)

　천국에 올라가기 위하여 두 천사가 가져온 황금마차를 타려
하는데 마차 안에는 꼭 돌 때 입는 것 같은 색동저고리를 입은
남자아이가 먼저 타고 있었다. 나는 그 옆에 앉아서 올라갔다.

　'설마 이 아이가? 내 아이인가?' 하는 질문이 내게 생겼다.

　천국문 안에 들어서니 주님이 말씀하신다.

　아니나 다를까 '이 아이가 내 아이라고...'

　주님이 그 아이를 안고 있었는데 마차에서 내리자마자 그 아
이가 주님한테서 나에게로 안겨 오면서 "엄마"하고 부른다. 얼
마나 감개가 무량하였는지.....

　나는 한참동안 내 아이를 안고 행복해 하고 기뻐했다.

　그러고 나니 주님이 말씀하신다.

　나중에 네가 천국에 올라와서 살 때에 같이 살게 하여 주겠다
고 말씀하신다.

　아니 주님 정말이세요? 나는 너무 기뻤다.

어제 천국에 갔을 때에 어린아이들이 짧은 치마를 입고 주님 보좌 앞에 왔을 때에 혹이나 내 아이가 여기 있을까하여 무척 궁금해 하였던 나를 주님이 생각하시고 오늘 이렇게 내 아이를 잠시 만나게 해 주신 것이다. 얼마나 감사한지....

주님은 정말 모든 것을 알고 계신다. 천국에서는 마음으로 다 통한다. 나는 아이를 안고서 혹 이 아이와 함께 나의 집으로 가는 것인가 생각했는데 어느 하얀 옷을 입은 앞치마를 두른 여인이 나타나 내 아이를 달라하면서 데려가고 말았다. 그 여인이 내 아이를 키우는 것 같았다.

그리고 주님과 나는 천사 네 명이 들 수 있는 분홍색 긴 의자에 앉혀져서 자리를 옮겼는데 천사들이 우리를 내려놓은 곳은 꽃밭이었다.

진한 붉은 빛과 주황색 꽃이 푸른 잎들 사이로 많이 피어 있었다. 오른쪽에도 정원이었는데 녹색과 노란 색이 섞인 주먹만한 크기의 개구리가 나에게 인사를 한다. 나를 똑바로 쳐다보면서 말이다. 그 개구리의 눈과 내 눈이 마주쳤다.
"하이 사라. 주님께 영광!"하고 말한다.
나는 주님과 아무 말없이 정원길을 걸었다.
나는 주님과 같이 있는 것만으로도 너무 행복했다.

천국에서
열두 진주문의 일부, 회개소,
그리고 기념책과
행위록을 보관하는 곳을 보다

(2013. 11. 23)

천국에 갔다.

주님과 같이 있고 싶은 마음이 주님께 전해졌다. 그를 사랑하는 마음이 솟아오른다.

그와 함께 있으면 기쁨이 충만하여진다. 주님과 나는 함께 바닷가를 걸었다. 유리바닷가이다. 그리고 저번에 주님과 나는 유리바다에서 조개비로 된 보트를 타고 날아서 유리바다에 살짝 앉았었다. 그리고 그 보트를 타고 거기다가 두고 왔었는데 주님과 나는 우리가 남겨두고 왔던 그 조개비를 다시 탄 것이다.

주님이 노를 저으셨다. 그리고 한참 나는 주님과 이야기를 나누었다. 내가 열 두 진주문을 보여 달라 하였다. 그리하였더니 주님과 나는 어느 새 구름을 타고 어디론가 가고 있었다. 갑자기 진주 보석 문으로 된 큰 문인데 일부가 나에게 황홀하게 보이는 것이었다. 얼마나 예쁘고 화려한지..... 나는 그것이 동문인 것을 알았다.

"주님 이곳에는 누가 들어오는지요?"

나는 즉시 질문하는 순간 순교한 자들이 이 동문으로 들어온다는 것이 알아졌다.

그 다음은 회개소라는 곳에 갔다. 사람들이 엄청 많이 무릎을 꿇고 앉아 있었다.

주님과 내가 도착하니 거기서 일하던 서너 명의 천사가 주님을 맞이한다. 아니 여기도 천사들이 일하고 있다는 것을 알았다.

그리고 쭉 앉아있는 영혼들 중에 한 영혼의 얼굴이 클로즈업 되어 보였다.

그는 두 눈을 꼭 감고 입술도 꼭 다물고 있다. 근엄하기도 해 보였고 괴로운 것 같기도 한 얼굴이었다. 나는 왜 이 사람들이 여기에 와 있을까 하고 생각했다.

그때 이들은 예수는 믿었으나 세상 사람들과 거의 유사하게 하나님의 말씀과는 거의 상관없이 산 자들이라는 것이 알아졌다. 넓은 문으로 들어간 자들인 것이다.

주님께서 피 흘려 살려주신 은혜를 거의 망각하고 산 자들인 것이다. 값없이 주신 은혜를 헛되이 받은 자들인 것이다.

계시록에 일곱 교회에 보내는 편지들에서 보면 이기지 못한 자들에 속한 자들인 것이고 육신에 속하여 육신대로 행하다가 온 자들이며 날마다 예수의 살을 먹고 피를 마셔야 하는데 그렇게 살지 못한 자들이라는 것이 그냥 알아졌다.

즉 예수를 믿었어도 육신으로 살고 날마다 회개치 아니하고 라오디게아 교회 교인들처럼 살았던 자들이 여기 오는 것이 알아졌다.

[계 3:14-22] (14)라오디게아 교회의 사자에게 편지하기를 아멘이시요 충성되고 참된 증인이시요 하나님의 창조의 근본이신 이가 가라사대 (15)내가 네 행위를 아노니 네가 차지도 아니하고 더웁지도 아니하도다 네가 차든지 더웁든지 하기를 원하노라 (16)네가 이같이 미지근하여 더웁지도 아니하고 차지도 아니하니 내 입에서 너를 토하여 내치리라 (17)네가 말하기를 나는 부자라 부요하여 부족한 것이 없다 하나 네 곤고한 것과 가련한 것과 가난한 것과 눈 먼 것과 벌거벗은 것을 알지 못하도다 (18)내가 너를 권하노니 내게서 불로 연단한 금을 사서 부요하게 하고 흰 옷을 사서 입어 벌거벗은 수치를 보이지 않게 하고 안약을 사서 눈에 발라 보게 하라 (19)무릇 내가 사랑하는 자를 책망하여 징계하노니 그러므로 네가 열심을 내라 회개하라 (20)볼지어다 내가 문밖에 서서 두드리노니 누구든지 내 음성을 듣고 문을 열면 내가 그에게로 들어가 그로 더불어 먹고 그는 나로 더불어 먹으리라 (21)이기는 그에게는 내가 내 보좌에 함께 앉게 하여주기를 내가 이기고 아버지 보좌에 함께 앉은 것과 같이 하리라 (22)귀 있는 자는 성령이 교회들에게 하시는 말씀을 들을지어다

그 다음은 주님과 나는 인간역사 창조관에 갔다.
우리가 들어가는 바로 그 층에는 주님에 대한 기록이다.

신약의 시작 그분의 탄생에서 시작하여 그분의 승천을 다룬 내용이다.

그 다음 지상 1층 2층 3층이 그 위에 더 있는데 지상 1층에는 즉 우리가 들어간 층 바로 위층을 나는 지상 1층이라 부른다.

그 1층에는 사도행전부터 시작하여 그 중간에 많은 것이 있고 그 끝에는 주님이 일곱 교회에 보내는 편지가 있었다.

나는 주님께 다시 질문하였다.

주님 한 개인의 주를 위한 사역에 대한 기록이 어디에 책으로 보관 되어 있나요?

주님은 여기 즉 인간창조 역사관에는 주님의 나라가 어떻게 서 가고 있는가에 대하여, 구원받는 영혼들이 어떻게 구원 받았는가에 대한 총체적인 기록만이 여기 있고, 한 개인의 주님에 대한 사역을 기록한 책은 여기 말고 딴 곳에 보관된다고 말씀하시는 것이었다. 그리고 나를 그곳으로 데리고 가셨다.

우리가 온 곳은 분명 다른 장소였다.

즉 각 개인에 대한 기념책과 행위록이 있는 곳이었다.

그 곳은 단층으로 된 매우 긴 건물로서 기와집으로 된 흰색 건물이었다. 거기는 흰 옷 입은 많은 천사들이 아주 바쁘게 이 방 저 방을 드나들면서 일하고 있었다.

왜냐하면 그곳은 개인에 대한 기념책과 행위록을 보관하는 곳이니까 그들은 지금도 드나들면서 개인에 대한 기록을 하고 있는 중이었다.

엊그저께 주님이 내 집에서 나의 사역에 대하여 보시던 책이
바로 이 기념책이라는 사실을 알게 되었다. 나의 기념책에는
아직도 많이 적혀 있지 않음을 알았다.

내가 주님께 '제가 어떤 사역을 하지요?' 하는 질문을 하니까
엊그제 바로 나에게 말씀하신 '이제도 있고 전에도 있었고 장
차 올 자 나 예수에 대하여 증거하라.' 하셨다.
할렐루야. 그리고서는 우리는 나의 집으로 왔다.

[계 22:12-13] (12)보라 내가 속히 오리니 내가 줄 상이 내게 있어 각
사람에게 그의 일한 대로 갚아 주리라 (13)나는 알파와 오메가요 처음
과 나중이요 시작과 끝이라

[계 20:11-15] (11)또 내가 크고 흰 보좌와 그 위에 앉으신 자를 보니
땅과 하늘이 그 앞에서 피하여 간데 없더라 (12)또 내가 보니 죽은 자
들이 무론대소하고 그 보좌 앞에 섰는데 책들이 펴 있고 또 다른 책
이 펴졌으니 곧 생명책이라 죽은 자들이 자기 행위를 따라 책들에 기
록된 대로 심판을 받으니 (13)바다가 그 가운데서 죽은 자들을 내어
주고 또 사망과 음부도 그 가운데서 죽은 자들을 내어주매 각 사람이
자기의 행위대로 심판을 받고 (14)사망과 음부도 불못에 던지우니 이
것은 둘째 사망 곧 불못이라 (15)누구든지 생명책에 기록되지 못한 자
는 불못에 던지우더라

살아생전 유명하였던
얼마 전에 돌아가신
대형교회 OOO 목사님을
쇠창살 안에 있는 것을 보다

(2013. 11. 24)

보통 때와 같이 천국에 갔다.

주님이 나를 맞아 주신다. 주님과 나는 구름을 타고 먼저 간 곳은 구름이 많이 모여 있는 곳이었다. 구름들이 모여 있는 모양이 달걀을 담는 플라스틱 통의 뚜껑처럼 위로 볼록볼록 솟아서 쭉 펼쳐져 있는 모습이었다. 왜 이렇게 많이 모여 있을까? 하고 생각했을 때에 아하 천국에 있는 자들이 천국에서 필요하면 타고 다니는 자가용이 바로 이 구름들이라는 것을 알 수 있었다.

그리고 나서 나는 주님과 함께 벤치에 앉아 이야기하고 싶어요! 하였더니 주님이 '그래' 하시면서 나를 다시 구름에 태우고 어느 정원의 벤치로 데려 가셨다. 현재 내 눈에는 앞에 정원의 아름다운 꽃들이 다 보이는 것이 아니라 그냥 내 앞에 정원이 있다는 것을 아는 정도이다.

더 자세히 보려고 하면 보이겠지만 나는 지금 그것이 중요한 것이 아니라 내가 주님과 같이 앉아있다는 것이 나에게는 더 중요하였다. 그리고는 다른 것에는 별로 관심이 없었다. 그러나 주님이 내게 정원의 하나하나의 꽃을 보여주시고자 하실 때는 또 자세히 그 색깔 하나하나까지 잘 보인다.

나는 주님께 물었다. 주님 ○○○ 목사님을 보고 싶어요. 나는 당연히 그 목사님이 천국에 계실 것을 믿고 물은 것이다. 그 목사님은 살아생전 참으로 큰 대형교회의 목사님이셨다. 지금도 누구라 하면 모르는 사람들이 없을 정도다.

그랬더니 주님의 얼굴이 약간 일그러지면서 슬픈 표정이 되신다. 그러면서 하시는 이야기가 "그는 지금 여기 없다." 라고 나지막히 말씀하시는 것이었다.

나는 깜짝 놀라

"네?"

"그럼 어디에?"

"왜 보고 싶으냐?"

나는 순간 아무 말을 못하고 있었다. 그랬더니 주님이 하시는 말씀, "그는 내 영광을 훔쳤느니라."

그리고 내 눈에는 갑자기 ○○○ 목사님이 흰 옷을 입고 쇠창살 안에 있는 것이 보이는 것이었다.

그는 이렇게 소리치고 있었다.

"내가 왜 여기 있어야 돼?"

"내가 왜 여기 있어야 하느냐고?"

"아이고... 너희는 여기 오지 마. 주의 일 한다면서 하나님 영광을 훔치면 나처럼 이같이 돼. 여기 오지 마 여기 오지 마."

이렇게 외치는 것이었다.

나는 그 모습을 보면서 그분이 살아생전 모두에게 잘 알려진 두 가지 큰 일들이 생각났다. 그 일은 일본에서의 사역과 TV를 통한 사역이다. 그랬다. 분명 그분이 주님의 일을 하신 것은 분명한 것 같은데 주님의 이름보다 그분의 이름이 더 높아져 있었다. 오 주님! 이를 어떡하면 좋아요. 그것은 나의 절규였다.

그러고 나서 나는 다시 주님과 같이 벤치에 앉아있는 나를 본 것이다. 내가 잠시 그 자리를 떠나서 다른 장소로 갔다 온 것이다. 아니 사실 나는 잘 모르겠다. 그 장면이 내 앞에 그냥 펼쳐진 것이다. 내가 갔다 온 것인지 그냥 벤치에 앉아서 보여진 것인지 나는 모르겠다.

그러나 나는 분명 다시 주님과 같이 벤치에 앉아 있었다.

주님이 우신다.

"내 종들이......" 하시면서.

나는 괴로웠다. 내 영이 많이 슬펐다.

이것을 본 것은 저녁 9시경에서 10시 사이이다.

그런데 그 후 1시간 반 동안 내 영은 계속 괴로워했다.

그 후 11시 반에 잠자리에 들려고 누웠다.

그러나 계속 OOO목사님 생각에 잠이 오지를 않았다. 내 영이 무척 슬퍼하고 있었다.

그래서 잠이 오지 않아 시계를 보니 벌써 새벽 1시 반이다. 잠자리에서도 2시간 반 동안 괴로워서 잠이 오지 않았던 것이다.

그러다가 나도 모르게 잠이 들었다.

우리는 아무리 주의 일을 많이 했다하여도 모든 영광을 하나님께 돌리고 우리는 오직 무익한 종으로 남아야 할 것이다.

그리고 우리 주의 종들이 가야 할 길은 높아지는 것이 아니라 오직 주님만 높아지고 우리는 오직 낮아지는 길로 가야 할 것이다.

[사 42:8] 나는 여호와니 이는 내 이름이라 나는 내 영광을 다른 자에게, 내 찬송을 우상에게 주지 아니하리라

[눅 17:7-10] (7)너희 중에 뉘게 밭을 갈거나 양을 치거나 하는 종이 있어 밭에서 돌아 오면 저더러 곧 와 앉아서 먹으라 할 자가 있느냐 (8)도리어 저더러 내 먹을 것을 예비하고 띠를 띠고 나의 먹고 마시는 동안에 수종들고 너는 그 후에 먹고 마시라 하지 않겠느냐 (9)명한 대로 하였다고 종에게 사례하겠느냐 (10)이와 같이 너희도 명령 받은 것을 다 행한 후에 이르기를 우리는 무익한 종이라 우리의 하여야 할 일을 한 것 뿐이라 할지니라

주의 일을 한다면서 하나님의 영광을 가로챈 목사들은 이 목사님과 같이 쇠창살이 있는 곳으로 가게 될 것이 분명하다. 우리가 주의 종으로서 아무리 많은 일을 했다할지라도 그 모든 영광을 주님께 돌려야 할 것이다.

〈 **부연설명** 〉 나는 여기가 지옥인지 소위 회개소라고 하는 곳인지 아니면 이기지 못하는 자들이 가는 성 밖인지 확실치 않다. 다만 나는 이 시점에서 내가 본 것만을 증거할 뿐이다. 나는 다만 이 목사님이 주님이 계시는 천국에 없다는 사실을 확인하였고 또한 그가 쇠창살 안에 있다는 것만 증거할 뿐이다.

주님이 베리칩에
대하여 말씀하시다

(2013. 11. 25)

보통 때와 같이 또 천국에 올라갔다.

주님이 첫마디 하시는 말이 "힘들었지?"

그 한마디 말에 나는 면류관 쓴 채로 주님의 옷자락에 얼굴을 파묻고 실컷 울었다.

왜냐하면 어제 저녁부터 아침 시간까지 쇠창살안에 있는 OOO목사님 때문에 많이 힘들었기 때문이다. 아직도 마음이 많이 아프다.

주님과 나는 황금돌이 박힌 길을 많이 걸었다.

그리고는 그 길이 절벽처럼 갑자기 끝이 나면서 그 절벽 밑이 보이는 것이었다.

이럴 수가……하면서 놀라고 있는데 그 절벽 밑에 있는 것은 수 많은 집들과 건물이 빽빽이 있는 큰 도시였다.

그 때에 나에게 즉시 알아지는 것은 '지구다' 하는 생각이었다.

그런데 희한한 것은 그 지구에는 각 건물 안에서 각각 다른 일들이 일어나는데 그 모든 것들이 내 눈에 다 보이고 알아지는 것이었다. 지붕이 있어도 꼭 지붕이 없는 것처럼 그 안이 다 보였다. 한쪽에서는 도둑질을 하는 것이 보였고 한쪽에서는 집안에서 서로 싸우고 있었으며 또 다른 쪽에서는 좋은 일 즉 주님을 찬양하는 예배가 드려지고 있었고 또 한 쪽에서는 전쟁준비 연습을 하고 있었고 또 다른 쪽에서는 굶어죽고 있었다.

그 모든 것들이 알아지는 것이 지붕이 있어도 그 안이 다 보이는 것이었다. 그리고 이 모든 일들을 주님이 알고 계시는 것이 알아지면서 순간 그분의 전지전능하심이 느껴졌다.

그리고는 나는 미리 물어 보려 계획하고 올라간 것도 아닌데 나는 갑자기 주님께 베리칩에 대하여 묻는 것이었다.
"주님 베리칩을 받아야 하나요? 말아야 하나요?"
주님이 말씀하신다.
"받지 말아야 한단다." 그리고 곧 이어 말씀하시기를
"베리칩을 받는다는 것은 그 영혼을 기계에다가 현대 문명에다가 파는 것이란다."
그리고 받는 순간 받는 그에게는 성령님이 떠난다는 것을 알려 주시는 것이었다.
주님의 말씀인즉 우리 영혼은 오직 하나님의 음성을 듣고 살아야 하는데 우리가 그것을 받는 순간 우리는 우리를 지배하는 자가 하나님에게서 기계로 바꾸어진다는 것이었다. 나는 다시 말을 이었다.

"주님! 그러면 베리칩이 666이겠네요."

"그렇단다. 사람들로 하여금 받게 하지 마라.

그런데 저기 보아라! 일부 시작된 곳이 여기 저기 보이지?

저것이 점차 많은 사람들이 받게 되어 받는 자의 수가 많아지고 나중에는 강제로 받게 되는데 받지 아니하면 매매를 못하게 되지...."

"아이고 주님 안 받아야지요...., 안 받겠습니다."

결국 주님이 왜 나를 데리고 가셔서 지구를 보여 주셨는가 하면 내가 베리칩 질문할 줄 아시고 나를 그곳으로 데려 가신 것이다. 아니 더 정확히 말하면 주님이 나에게 베리칩의 질문을 하게 하신 것이라 볼 수 있다. 그리하여 주님은 나에게 확실히 그 베리칩의 정체를 밝혀주신 것이다.

할렐루야!

[계 13:16-18] (16)저가 모든 자 곧 작은 자나 큰 자나 부자나 빈궁한 자나 자유한 자나 종들로 그 오른손에나 이마에 표를 받게 하고 (17)누구든지 이 표를 가진 자 외에는 매매를 못하게 하니 이 표는 곧 짐승의 이름이나 그 이름의 수라 (18)지혜가 여기 있으니 총명 있는 자는 그 짐승의 수를 세어 보라 그 수는 사람의 수니 육백 육십 육이니라

[계 14:9-12] (9)또 다른 천사 곧 세째가 그 뒤를 따라 큰 음성으로 가

로되 만일 누구든지 짐승과 그의 우상에게 경배하고 이마에나 손에 표를 받으면 (10)그도 하나님의 진노의 포도주를 마시리니 그 진노의 잔에 섞인 것이 없이 부은 포도주라 거룩한 천사들 앞과 어린 양 앞에서 불과 유황으로 고난을 받으리니 (11)그 고난의 연기가 세세토록 올라가리로다 짐승과 그의 우상에게 경배하고 그 이름의 표를 받는 자는 누구든지 밤낮 쉼을 얻지 못하리라 하더라

베리칩 (VeriChip)은 Verification Chip의 약자로 지금 다른 말로 PositiveID 라고도 불리며 바이오 칩 (Biochip)이라고도 불리워진다. 이 칩은 생체내에 이마나 손에 들어가는 칩으로 작은 쌀알의 두 배만한 크기이다. 현재 동물에 주인을 표기하기 위하여 넣고 있다. 이것이 곧 인간에게 실시될 예정이다. 그러나 주님은 분명히 이것을 나에게 666이니 받지 말라 하셨다.

베리칩에는 개인의 정보, 의료정보, 은행정보 또한 유전자등이 들어간다. 그래서 앞으로는 종이돈도 필요 없고 이 칩을 받지 아니하는 자들은 매매가 불가능하게 된다.

이 칩안의 메모리에는 16자리의 고유번호가 들어간다. 미국 사회보장 카드의 숫자는 9자리 숫자로 미국의 3억 인구를 번호를 매겨서 ID를 만드는데 충분하지만 그러나 16자리의 숫자의 조합은 이 세상 전 인구의 65억 이상의 인구의 ID를 만드는데 충분한 숫자들인 것이다. 즉 전 세계인구를 적그리스도가 통치하기 위하여서이다. 또한 결국에는 이 칩에는 128개의 유전자

코드가 들어가게 되어 이것으로 사람을 마음대로 조종할 수 있는 시대가 온다. 그리고 이 칩은 체온으로 충전되므로 가장 온도변화가 심한 이마나 손에 받게 되는 것이다.

베리칩에 대하여 더 자세히 알고 싶으면 다음 websites 를 참고하면 된다.
http://blog.naver.com/PostView.nhn?blogId=sostv114&logNo=140160083793

http://www.ridingthebeast.com/articles/verichip-implant/

왼편그림은 쌀알 크기 두 배만한 베리칩이고 오른편 그림은 베리칩을 인체내로 주사하는 주사기이다.

베리칩은 리튬배터리로 디자인 되어 있으며 발화성이 매우 높아 심지어 물속에서도 불이 붙어 폭발한다고 한다.

(리튬배터리에는 종양 형성 등 여러 부작용이 있다. 쥐와 애완 동물등에 넣어서 종양이 발생한 것이 보고된 것들이 있다.)

[계 16:2] 첫째가 가서 그 대접을 땅에 쏟으매 악하고 독한 헌데가 짐승의 표를 받은 사람들과 그 우상에게 경배하는 자들에게 나더라

[계 20:4-6] (4)또 내가 보좌들을 보니 거기 앉은 자들이 있어 심판하는 권세를 받았더라 또 내가 보니 예수의 증거와 하나님의 말씀을 인하여 목 베임을 받은 자의 영혼들과 또 짐승과 그의 우상에게 경배하지도 아니하고 이마와 손에 그의 표를 받지도 아니한 자들이 살아서 그리스도로 더불어 천년 동안 왕 노릇하니 (5)(그 나머지 죽은 자들은 그 천년이 차기까지 살지 못하더라) 이는 첫째 부활이라 (6)이 첫째 부활에 참예하는 자들은 복이 있고 거룩하도다 둘째 사망이 그들을 다스리는 권세가 없고 도리어 그들이 하나님과 그리스도의 제사장이 되어 천년 동안 그리스도로 더불어 왕 노릇 하리라

그러므로 우리는 절대로 이 칩을 받으면 안 된다. 이름이 베리칩으로 나올지 파지티브아이디 혹은 바이오칩으로 나올지는 모른다. 이것을 강제로 받는 시기는 적그리스도가 활동하는 시기인 후 삼년 반 동안의 기간이다. 그동안 잘 견디면 된다. 이 생체에 들어가는 칩을 받는 순간 성령이 떠나고 영원한 불 못에 가게 되는 것이다.

주님이 나에게 말씀하셨다. "사람들로 하여금 받게 하지 마라."

그 다음으로 내가 주님으로부터 인도받은 데는 황금벽, 황금바닥, 황금테이블이 있는 방안이었다. 도대체 여기가 어딜까? 나는 참으로 궁금하였다.

그 방안에 들어서니 저 안쪽에서 사도 바울이 나온다.

맞다. 어제도 주님이 나를 이 방에 두고 떠난 것이 생각났는

데 그때도 사도바울이 있었다. 그런데 나는 지상에 내려 가봐야 했기 때문에 그냥 내려왔는데 주님은 오늘 또 나를 여기로 데려오신 것이다.

나와 사도바울만 남기고 가시려하니 내가 조금 무서워하는 줄 아시고 "나도 여기 있겠다." 하시면서 테이블에 앉으셨다.

그 다음에는 사도바울이 큰 세계 지도를 테이블위에 펴는 것이었다. 순식간에 사도 바울이 1차, 2차, 3차 선교 여행한 곳이 쫙 흑색 선으로 연결되어 그려지는 것이었다.

그리고서는 두 분이서 내가 가야할 곳을 생각하시는 것이었다. 나는 선교를 나가면 한군데라 생각했는데 그게 아니고 나도 여기저기 여러 군데를 가야하는 것을 알게 해주신 것이다.

사도 바울은 순회 선교로 여기 6개월, 저기 1년 반 등등 순회 선교한 것이다.

그래서 주님은 오늘 내가 바울을 만나 그가 순회 선교한 것을 지도로 보여주신 것이 알아졌다. 그렇구나! 나는 한 군데 선교가 아니라 여러 군데로 선교하는 순회 선교이구나! 알게 된 것이다. 할렐루야!

그 다음에는 사도 바울에게 나타났던 모든 은사가 나에게도 나타날 것을 알려 주셨다. 그의 손수건을 가져다가 병든 자에게 얹으면 낫고 또 죽은 자를 살리는 역사도 일어날 것을 알게 하여주셨다. 순간 나는 면류관을 벗고 내 머리를 테이블에 바짝 갖다 대었다. 그랬더니 사도 바울이 내 머리에 손을 얹고 그 다음 주님이 손을 얹고 기도하여 주셨다. 모든 그러한 은사와 능력이 내게 임하여 선포만 하면 역사가 일어나게 말이다 . 할렐루야. 그러고서는 다시 천국문에 와서 지상으로 마차를 타고 내려왔다.

[행 20:7-12] (7)안식 후 첫날에 우리가 떡을 떼려 하여 모였더니 바울이 이튿날 떠나고자 하여 저희에게 강론할새 말을 밤중까지 계속하매 (8)우리의 모인 윗 다락에 등불을 많이 켰는데 (9)유두고라 하는 청년이 창에 걸터 앉았다가 깊이 졸더니 바울이 강론하기를 더 오래하매 졸음을 이기지 못하여 삼 층 누에서 떨어지거늘 일으켜보니 죽었는지라 (10)바울이 내려가서 그 위에 엎드려 그 몸을 안고 말하되 떠들지 말라 생명이 저에게 있다 하고 (11)올라가 떡을 떼어 먹고 오래 동안 곧 날이 새기까지 이야기하고 떠나니라 (12)사람들이 살아난 아이를 데리고 와서 위로를 적지 않게 받았더라

'주님이 하셨습니다.'
'주님의 것으로 했습니다'
라고 말하라!

(2013. 11. 26)

꽃이 피어있는 정원을 주님과 함께 걸었다.

정원에 샛길이 나서 거기로 또 걸었다.

길을 가다가 구름이 왔다. 구름을 탔는데 혼자다. 주님이 안 타신 것이다.

혼자 구름을 타고 인간 창조역사관에 도착하였다. 안으로 들어서니 한사람이 인사를 한다. 그림을 보다가 뒤를 돌아보며...

혼자 왔으니 내가 가고 싶은 대로 가서 보고 싶은 대로 볼 수 있는 것이다.

나는 마지막 시대에 대하여 무척 궁금해 하였다.

그래서 빨리 지상 2층 즉, 내가 서 있는 곳은 주님의 사역 그 위에 지상 1, 2, 3층이 더 있는데 지상 2층으로 올라갔다.

거기는 일곱 인, 일곱 나팔, 일곱 대접 재앙이 있는 곳이다.

첫째 인, 둘째 인, 셋째 인 등 말 탄 자들이 보였다.

그런데 정작 중요한 부분 여섯째 인과 일곱째 인 쪽이 아예 희미하다. 이 부분을 주님이 아직 내게 개봉하시지 않으신다. 그래서 주님이 안 따라 오셨구나 생각했다.

나는 다시 밑으로 내려 왔다.

주님이 오셨다.

주님과 나는 나의 집으로 이동했다. 주님은 세계 지도를 갖고 계셨다. 나는 지난번 쇠창살안에 계셨던 OOO목사님에 대하여 물어보니 더 이상 질문 받고 싶어 하시지 않으셨다.

그러나 나는 주님께 이렇게 물었다. 주님 제가 OOO목사님처럼 안 될려면 어떻게 해야 하나요?

주님이 말씀하셨다.

나만 똑바로 쳐다보라, 그리고 흐트러지지 마라.

너희는 내 종들이고 내가 다 한다. 이것을 기억하라. 하나님의 나라가 확장되고 영혼이 구원받는 모든 일도 내가 하는 일이다.

그러므로 어느 누가 우리에게 감사 혹은 칭찬할 때에 너희는 이렇게 말하라

'주님이 하셨습니다.'

또 돈을 선한 일에 쓸 때에도 네 주머니에서 나가더라도 이렇게 말하라

'주님의 것으로 했습니다.'

왜냐하면 이 세상의 모든 것이 다 내 것이기 때문이다.

그리고 모든 것에 감사하라. 왜냐하면 그 모든 것을 내가 하

기 때문이다.

"내가 한 것에 감사하라"고 말씀하셨다.

그리고 내려왔다.

그렇다. 우리 주머니에서 나가는 것도 그것이 우리의 것이 아니라 주님의 것인 것이다. 잠깐 우리에게 맡겨졌을 뿐인 것이다. 할렐루야. 주님을 찬양합니다.

[시 24:1] 땅과 거기 충만한 것과 세계와 그 중에 거하는 자가 다 여호와의 것이로다

[학 2:8] 은도 내 것이요 금도 내 것이니라 만군의 여호와의 말이니라

[눅 3:16] 요한이 모든 사람에게 대답하여 가로되 나는 물로 너희에게 세례를 주거니와 나보다 능력이 많으신 이가 오시나니 나는 그 신들메를 풀기도 감당치 못하겠노라 그는 성령과 불로 너희에게 세례를 주실 것이요

[살전 5:18] 범사에 감사하라 이는 그리스도 예수 안에서 너희를 향하신 하나님의 뜻이니라

천국에서
낙태된 아이들을 보다

(2013. 11. 27)

어제 저녁에는 몇 번이나 천국으로 올라가려 시도하였는데 천국이 도무지 열리지 않았다.

가만 생각하여보니 어제 오후 어머니와 언쟁이 있었다.

그것을 회개치 않고 천국을 보여 달라하니 안 보이는 것이었다.

그래서 아침 기도시간에 하나님 앞에 철저히 회개를 한 것이다.

그리고 어머니께 가서 용서를 구했다. 그리고서 다시 기도하기 시작했다.

한 시간 반 정도 기도하고서 천국에 올라갔다. 나를 데리러 오는 천사가 말한다.

"주인님 어서 오십시오. 주님이 기다리십니다."

나는 천국에 도착했다. 주님이 오늘은 흰 색의 긴 옷에 자주색 망토를 걸치셨다. 그리고 나를 따뜻하게 맞아 주셨다. 곧 우리 앞에 하얗고 또렷한 구름이 왔다. 우리는 그 구름을 타고 날았다. 어디로 가시는가 했는데 주님은 나를 어떤 연못같은 곳으로 데리고 가신다. 그 연못 가장자리에는 흰 옷 입은 여인들이 약 10명 이상이 보였다.

그들은 모두가 다 두 손을 모아서 꼭 잡고 있었다.

그 연못을 바라보면서...

그런데 그 연못에는 벌거벗은 태아들이 눈을 꼭 감은채로 둥둥 떠 있었다. 그리고 그 연못의 물을 자세히 보면 진붉은 색의 피였다.

그런데 이 아이들의 부모가 자신들이 낙태한 아이들에 대하여 회개기도를 할 때에 하얀 빛이 연못에 있는 그 아이에 비추어지면서 그 연못 바깥에 있는 여인들은 그 아이에게 촛점이 맞추어지면서 그 아이에 대하여 간절한 마음으로 두 손을 모아 기도를 한다. '제발 저 아이가 건져내어지기를...'

그 부모의 회개가 주님께 받아지면 날개 달린 아기 천사들이 그 아이를 연못에서 꺼내어 바깥에 서 있는 그 여인들에게 준다. 그러면 그 여인들은 아이를 받아 아이들을 목욕시키는 목욕실로 데려가 목욕을 시키는 것이다. 아이들을 씻는 목욕실은 아주 예쁘다. 공동 목욕탕에 가면 큰 욕탕이 있고 옆에 냉탕 온탕 작은 욕탕이 있는데 아이들을 목욕시키는 욕탕이 바로 이 온탕 냉탕의 욕탕처럼 자그마하게 생겼고 녹색깔을 하고 있으면 정말로 맑고 깨끗한 물을 담고 있다. 그리고 그 욕탕 바닥의 가장자리에는 다이아몬드들로 쭉 박혀서 장식되어 있다.

순간적으로 이 낙태 당한 아이들에 대한 주님의 아픈 마음이 알아졌는데 그것은 주님이 이 땅위에서 가시면류관을 쓰실 때의 아픔 같은 아픔이 느껴졌다.

가시에 찔릴 때에 아픈 것과 같은 아픔 말이다. 그리고 '그 연못가의 여인들이 누구인가' 하는 질문이 생각났는데 그 여인들은 먼저 천국에 온 자들로 천국에서 각자 하는 일들이 있었다. 그들은 그 일을 자진하여 맡아서 하는 것이었다. 조금 있으니 한 여인이 머리에 마리아같이 흰 천을 쓰고 옷은 아름다운 쑥색 드레스를 입은 여인이 나타났는데 그 여인은 이 일을 총괄하는 여인이었다. 그 여인은 이들이 아이들을 건져서 목욕시키는 일을 잘하고 있는지 보러온 것이다.

그 다음 주님은 다시 나와 함께 구름을 타고 나를 또 다른 곳으로 인도하였다.

내리는 것을 인식하지 못했는데 어느새 주님이 유리문을 열고 들어가신다. 그 안에 또 유리문이 있다. 그 안에 유리박스가 있는데 그 안에는 황금 두 돌판이 있는데 그 두 황금돌판에는 모세에게 시내산에서 주었던 십계명이 적혀 있었다.

갑자기 카톨릭 교황이 이 십계명 중에 제 2계명을 처음 로마에서 교황이 세워질 때에 AD 600년경 그 때에 그 교황이 자신이 하나님같이 제 2계명 즉 어떤 상도 세워놓고 절하지 말라하는 계명을 삭제하고 제 10계명 즉 네 이웃의 물건을 탐내지 말고 또한 네 이웃의 아내도 탐내지 말라 하는 것을 둘로 나눈 것이 생각나서 주님께 여쭈어 보려 했더니 벌써 주님은 내 생각을 아시고 그분의 진노가 표현할 수 없을 정도로 느껴졌다.

그리고 이 계명을 직접 고친 자가 내 눈에 보이기 시작하는 것이다. 그는 지옥에서 이런 고통을 당하고 있었다.

붕어빵 만들 때에 한쪽이 움푹 파진 것처럼 사람을 그 틀에 넣었다. 꼼짝 못하게 그 틀 안에 박아 넣고는 한 마귀부하가 창끝으로 그의 머리를 계속 쑤시고 있다. 마리아상을 만들어 사람들로 경배하게 하기 위하여 제 2계명 대신 제 10계명을 둘로 나누는 머리를 써서 그런지 창으로 머리를 계속 쑤시는 것이었다.

그리고서는 그 쇠판을 거꾸로 돌린다. 그리고 밑바닥은 훨훨 타오르는 불이 있다. 사람이 그 쇠판에서 떨어지지 않고 그 불에 고통을 당하는 것이다.

그 한쪽 옆에는 석가모니가 있었다.

이들을 고문하는 사단의 부하들이 다른 사람들에게 붙어 있는 것보다 수가 많다. 생긴 것도 로봇처럼 강하고 눈도 또리또리하다. 아마 거물급들을 다루기 때문인가 보다. 석가모니상이 내 눈에 잠시 비치더니 한 노인네가 보인다. 머리는 불에 타서 아예 없다. 한 두가락 남았을까 말까다. "내가 이럴 줄 알았으면" 하고 그 다음은 막 저주하고 욕을 한다.

나는 다시 유리집 안에 있었다. 나는 주님께 물었다.

"주님! 카톨릭 사람들은 구원을 못 받나요?"

주님이 말씀 하신다

"카톨릭 중에도 정말 내 피로 거듭나서 나를 진실된 마음으로 섬긴 자들은 구원을 받는단다. 그러나 그 마음에 마리아를 나와 동일시하는 자들은 구원받지 못한단다."

그들을 잘못되게 인도한 자는 당연히 영원한 불못이다.

주여....

그 후에 나는 우리 어머니 집을 잠시 보았다.

[신 5:1-6] (1) 모세가 온 이스라엘을 불러 그들에게 이르되 이스라엘아 오늘 내가 너희 귀에 말하는 규례와 법도를 듣고 그것을 배우며 지켜 행하라 (2) 우리 하나님 여호와께서 호렙산에서 우리와 언약을 세우셨나니 (3) 이 언약은 여호와께서 우리 열조와 세우신 것이 아니요 오늘날 여기 살아 있는 우리 곧 우리와 세우신 것이라 (4) 여호와께서 산 위 불 가운데서 너희와 대면하여 말씀하시매 (5) 그 때에 너희가 불을 두려워하여 산에 오르지 못하므로 내가 여호와와 너희 중간에 서서 여호와의 말씀을 너희에게 전하였노라 여호와께서 가라사대 (6) 나는 너를 애굽 땅에서 종 되었던 집에서 인도하여 낸 너희 하나님 여호와로라

[신 5:7-21] (7) 나 외에는 위하는 신들을 네게 있게 말지니라 (제 1계명) (8) 는 자기를 위하여 새긴 우상을 만들지 말고 위로 하늘에 있는 것

이나 아래로 땅에 있는 것이나 땅 밑 물 속에 있는 것의 아무 형상이든지 만들지 말며 (9)그것들에게 절하지 말며 그것들을 섬기지 말라 나 여호와 너의 하나님은 질투하는 하나님인즉 나를 미워하는 자의 죄를 갚되 아비로부터 아들에게로 삼 사대까지 이르게 하거니와 (10) 나를 사랑하고 내 계명을 지키는 자에게는 천대까지 은혜를 베푸느니라 (제 2계명)

(11) 너는 너의 하나님 여호와의 이름을 망령되이 일컫지 말라 나 여호와는 나의 이름을 망령되이 일컫는 자를 죄 없는 줄로 인정치 아니하리라 (제 3계명)

(12) 여호와 너의 하나님이 네게 명한 대로 안식일을 지켜 거룩하게 하라 (13) 엿새 동안은 힘써 네 모든 일을 행할 것이나 (14) 제 칠일은 너의 하나님 여호와의 안식인즉 너나 네 아들이나 네 딸이나 네 남종이나 네 여종이나 네 소나 네 나귀나 네 모든 육축이나 네 문 안에 유하는 객이라도 아무 일도 하지 말고 네 남종이나 네 여종으로 너 같이 안식하게 할지니라 (15) 너는 기억하라 네가 애굽 땅에서 종이 되었더니 너의 하나님 여호와가 강한 손과 편 팔로 너를 거기서 인도하여 내었나니 그러므로 너의 하나님 여호와가 너를 명하여 안식일을 지키라 하느니라 (제 4계명)

(16) 너는 너의 하나님 여호와의 명한 대로 네 부모를 공경하라 그리하면 너의 하나님 여호와가 네게 준 땅에서 네가 생명이 길고 복을 누리리라 (제 5계명)

(17) 살인하지 말지니라 (제 6계명)

(18) 간음하지도 말지니라 (제 7계명)

(19) 도적질 하지도 말지니라 **(제 8계명)**

(20) 네 이웃에 대하여 거짓 증거하지도 말지니라 **(제 9계명)**

(21) 네 이웃의 아내를 탐내지도 말지니라 네 이웃의 집이나 그의 밭이나 그의 남종이나 그의 여종이나 그의 소나 그의 나귀나 무릇 네 이웃의 소유를 탐내지도 말지니라 **(제 10계명)**

	기독교의 십계명	천주교의 십계명
제1계명	너는 나 외에는 다른 신들을 네게 두지 말라 (신 5:7)	한 분이신 하느님을 흠숭하여라
제2계명	너를 위하여 새긴 우상을 만들지 말라 (신 5:8)	하느님의 이름을 함부로 부르지 마라.
제3계명	너는 네 하나님 여호와의 이름을 망령되게 부르지 말라 (신 5:11)	주일을 거룩히 지내라.
제4계명	안식일을 기억하여 거룩하게 지키라 (신 5:12)	부모에게 효도하여라.
제5계명	네 부모를 공경하라(신5:16)	사람을 죽이지 마라.
제6계명	살인하지 말라 (신 5:17)	간음하지 마라.
제7계명	간음하지 말라 (신 5:18)	도둑질을 하지 마라.
제8계명	도적질하지 말라 (신 5:19)	거짓 증언을 하지마라.
제9계명	네 이웃에 대하여 거짓 증거하지 말라 (신 5:20)	남의 아내를 탐내지 마라.
제10계명	네 이웃의 아내나 재물을 탐내지 말라 (신 5:21)	남의 재물을 탐내지 마라.

천국에서
사도 요한을 만나다

(2013. 11. 28)

천사들이 가져온 황금보석 꽃마차를 타고 천국으로 올라갔다.

주님을 뵙는 순간 보통은 면류관도 안 쓰시고 황금 허리띠도 안 하고 계시는데 오늘은 주님이 황금 면류관을 쓰시고 하얀 색의 긴 옷에 황금 허리띠를 하고 계신다. 주님이 이렇게 황금면류관을 쓰시고 황금 허리띠를 하신 것을 나는 오늘 처음 본 것이다.

그런데 나도 오늘 천국에 도착 하자마자 주님과 똑같은 복장을 하고 있음을 알았다.

즉 나도 황금 면류관을 쓰고 흰 드레스를 입고 있고 거기다가 황금허리띠를 하고 있는 것이었다. 아니 어떻게 오늘 내가 이렇게 주님과 똑같은 복장을 하고 있는지 참으로 신기했다. 어쨌든 나는 주님을 만나는 것이 너무 좋아서 주님 품에 안겼다. 그리고 황홀해 하였다. 나는 그 시간이 영원히 멈추었으면 하는 바램이었다.

그런데 내가 너무 좋아 취해 있다가 옆을 살펴보니 길 양옆에 흰 옷 입은 사람들이 꽉 차 있고 쭉 서 있으면서 주님과 나를 환영하며 박수를 치는 것이었다.

"환영합니다. 사라. 좋은 시간 보내세요." 라는 말을 했다.

나는 마음으로 그들이 무엇을 말하는지 다 알 수 있다.

천국에서는 그렇다. 말없이 통한다.

그중에 특히 어떤 한 여인의 모습이 자세하게 또렷이 보인다. 단발모양의 수더분한 얼굴인데 머리를 군중에서 내 밀면서 나를 특별히 반기고 환영한다. 왜 이 한 사람만 이렇게 또렷이 보일까? 하고 궁금해하였는데 그것은 그 무리가 천사들이 아니라 흰 옷 입은 사람들의 무리라는 것을 가르쳐 주는 것이었다.

우리가 점점 길로 나아갈수록 사람들이 적어지더니 드디어 양쪽 흰 옷 입은 무리가 끊어졌다. 사람들이 더 이상 안 보이고 구불구불한 길만 보인다. 가는 길이 매우 독특하게 위아래로 흥겹게 약간 구불거리면서 있다. 주님과 나는 그 길을 미끄러지듯이 전혀 힘들지 않고 즐겁게 계속 걸어갔던 것이다. 걷는 것인지 나는 것인지 미끄러지는 것인지 몰랐다. 가는 동안 나는 주님과 함께 있는 시간이 너무나 행복했다. 그리고는 마침내 빛이 나는 한 성이 저 끝에 보인다.

우리는 성 앞의 길이 Y 자로 나눠지면서 그 갈림길에 소위 미국에서 불리는 피크닉 테이블이 놓여 있었다. 그리고 그 나누어지는 두 길 사이에는 저편으로 사도 요한 선생의 집이 크게 궁전처럼 서 있는 것이었다. 사도 요한 선생이 나왔다.

머리가 흰색과 노란색 중간의 색깔로 빛이 나고 있었고 또한 눈이 또렷한 젊은 청년이었다. 주님과 내가 테이블에 앉고 그도 테이블에 앉았다.

테이블 저쪽에는 주님 홀로 그리고 이쪽에는 나 그리고 내 옆에 사도 요한 선생이 앉은 것이다. 주님이 사도 요한 선생더러 말하기를 나에게 연필과 펜을 주라하신다.

그리고 나보고는 내가 질문할 것들을 쓰라고 하신다.

주님은 내가 질문할 것이 너무나 많다는 것을 미리 아시고 계시는 것 같았다. 그렇다고 나는 내가 오늘 사도요한 선생을 만날 것을 생각하고 질문을 준비한 것도 아니었다.

나는 주님의 전능하심이 여기서 다시 한 번 느껴졌다. 주님은 내가 사도요한을 만나면 여러 많은 질문을 할 것을 이미 알고 계셨던 것이다. 그랬더니 사도 요한 선생은 나에게 종이와 연필을 준 후에 두 손을 모으고 내가 과연 어떤 질문을 할까 하고 미소를 지으면서 기다리고 있었다.

나는 솔직히 말하여 먼저 마지막 때에 대한 질문으로 바로 들어가고 싶었다. 왜냐하면 마지막 때에 대한 것이 내 마음 안에 있는 주된 관심사였기 때문이다.

그러나 그 마음을 힘껏 억눌러 자제하고 다른 질문부터 하기 시작했다. 그런데 이 마음을 두 분이 다 알고 계시는 것 같았다. 그러면서 그 마음을 억누르는 나를 기특하게 생각하시는 것 같았다.

[질문]

1. 첫 번째 사도 요한에게 한 나의 질문은

"사도 요한 선생님은 이 지상에 있을 때에 얼마나 주님을 사랑했습니까?" 하고 물었다.

이 질문은 내가 생각해도 기특한 질문이었다. 사도 요한은 이렇게 대답하였다.

"나는 내 목숨을 다하고 내 마음을 다하고 내 힘을 다하고 내 뜻을 다하여 내 주님을 사랑했습니다."

나는 그 대답을 들었을 때에 가슴이 뭉클해지는 것을 느꼈다.

그 순간 나는 '주여 나도 그렇게 주를 사랑하게 하옵소서.' 하는 마음을 가졌다.

성경은 이렇게 말한다.

[마 22:37-38] (37)예수께서 가라사대 네 마음을 다하고 목숨을 다하

고 뜻을 다하여 주 너의 하나님을 사랑하라하셨으니 (38)이것이 크고 첫째 되는 계명이요

2. 두 번째로 나는 사도 요한이 요한복음에서 그의 신성에 대하여 말하고 있는데 즉 그가 하나님이라고 누누이 외친 것을 생각하면서 나는 이렇게 물었다.

"사도 요한 선생님! 선생님은 어떻게 주님이 하나님이신 것을 알았습니까?"하고 물었다. 그때 그 순간 나에게 주님이 내게 자신이 하나님이라는 것을 계시한 사실이 갑자기 생각이 나는 것이었다. 그것은 지금부터 약 18년 전의 이야기다.

내가 하나님이 삼위일체의 하나님이라는 것을 알기 전의 일이다. 아니 삼위일체라는 말도 몰랐을 때의 일이다. 내가 사는 거실에는 내가 항상 어디를 가든 갖고 다녔던 예수님의 사진이 크게 걸려 있었다. 그 사진은 늘 어디서나 많이 볼 수 있는 약간 얼굴이 옆쪽으로 보고 계시고 머리가 어깨까지 내려온 예수님의 사진이다. 그 사진은 1990년부터 내가 이사하는 곳마다 갖고 다녔다.

갑자기 그 그림에 영롱한 빛이 반짝반짝 비춰더니 사진에 있는 그 예수님이 하나님이시라는 것이 그냥 깨달아져 알아지는 것이었다. 그 빛은 누가 비추어서 난 것이 아니라 갑자기 그 그림위에 나타난 것이었다. 그것은 하나님의 역사였다.

그리고 그 순간 나는 누가 나에게 예수님이 하나님이라고 가

르쳐 준 것도 아니었고 그 말을 들은 기억도 없지만 그 빛이 그 그림을 비추는 순간 나는 예수님이 하나님이시라는 것이 그냥 깨달아졌다. 할렐루야. 그리고 그것은 전적으로 하나님의 은혜 였다. 즉 하나님의 계시로 인하여 나는 예수님이 하나님이라는 사실을 알게 된 것이다. 이는 마치 어느 날 하나님이 안 믿어지 다가 어느 날 갑자기 하나님이 믿어지는 것과 같은 것이다. 이 사건이 내게 요한이 예수님이 하나님이신 것이 알아진 것은 무 엇을 보고 듣고 해서가 아니라 하나님께서 그에게 계시하여 주 셔서 알게 된 것이구나 하고 깨달아진 것이다. 할렐루야.

그래서 그는 감히 말씀이 하나님이시고 (요1:1) 그 말씀이 육신 이 되었다는 말을 할 수 있었다는 것이다. 이것이 다 계시로 알 게 된 것이라는 것을 나에게 그때 일을 생각나게 해 주심으로 말미암아 그 대답을 하신 것이다. 아멘.

그렇다. 우리 인간은 하나님이 자신을 계시하여 주시지 아니 하면 우리는 도저히 그를 알 능력이 없는 것이다. 그러므로 한 영혼이 구원을 받고 하나님을 더욱 더 알아간다는 것은 전적으 로 99%는 하나님이 하시는 일인 것이다. 그러므로 우리 인간은 그 일이 이루어지는데 있어서 어떠한 노력을 했다할지라도 그 것은 그 일이 이루어지는데 있어 1%의 일도 하지 않는다는 사 실을 알게 된 것이다.

그럼에도 불구하고 우리 인간들은 얼마나 자기가 일을 많이 했는지 얼마나 자기의 공로가 큰 지를 자랑하는 그것이 참으로 어리석다는 것이다. 우리 인간은 그 모든 영광을 계시로 그들에게 알게 하신 하나님께 돌려야 하는데 그렇지 않고 인간인 자신에게 돌리는 우를 범하고 있는 것이다.

[요 1:1] 태초에 말씀이 계시니라 이 말씀이 하나님과 함께 계셨으니 이 말씀은 곧 하나님이시니라
[요 1:14] 말씀이 육신이 되어 우리 가운데 거하시매 우리가 그 영광을 보니 아버지의 독생자의 영광이요 은혜와 진리가 충만하더라

3. 세 번 째로 나는 요한 선생에게 예수님과 하나님의 말씀에 대한 증거로 인하여 밧모섬이라는 유배지로 갈 때의 심정이 어떠하였는가를 물었다.
그는 이렇게 대답했다. 그때 자신은 주님이 십자가에 못 박히시는 것을 생각하며 갔기 때문에 주님이 당하신 그 고통에 비하면 자신이 당하는 고통은 아무것도 아니었다고 말하는 것이었다. 아멘.

4. 네 번 째 질문은 내가 주님께 하는 질문이었다.
주님은 어찌 마지막에 일어날 일을 사도 요한에게 계시하셨나요?....그 계시를 주시는데 있어서 왜 요한 선생을 택했냐고 물었다. 아니 왜 다른 사람이 아니고 꼭 요한 선생이어야 했냐고

하는 질문이었다. 여기에 대하여 주님은 이렇게 말씀하셨다.

내가 마지막 날에 될 일을 계시하기 위하여 요한을 일부러 밧모섬으로 보내었노라..... 할렐루야!

이 말씀 안에는 여러 가지 의미가 담겨 있었다.

그것은 우리가 주님 때문에 격려 되고 핍박 받을 그 때에 주님을 정말 더 진하게 만날 수 있다는 사실이고 또한 주님은 그 자신을 요한에게 많이 그리고 크고 넓게 계시하기 위하여 요한을 사람들이 없는 외롭고 고독한 외딴 유배지로 보내야만 하나님만 깊게 만날 수 있었다는 것이었다. 아멘. 할렐루야.

[계 1:9-11] (9)나 요한은 너희 형제요 예수의 환난과 나라와 참음에 동참하는 자라 하나님의 말씀과 예수의 증거를 인하여 밧모라 하는 섬에 있었더니 (10)주의 날에 내가 성령에 감동하여 내 뒤에서 나는 나팔 소리 같은 큰 음성을 들으니 (11)가로되 너 보는 것을 책에 써서 에베소, 서머나, 버가모, 두아디라, 사데, 빌라델비아, 라오디게아 일곱 교회에 보내라 하시기로

5. 다섯 번 째 내가 하는 질문도 주님에게 하는 것이었다.

주님은 십자가에서 돌아가실 때에 왜 어머니 마리아를 요한에게 부탁하셨는가 하는 것이었다. 이때 주님은 마음으로 알게 하신다. 주님이 돌아가실 때에 주님의 동생들이 주님을 믿지 않았기 때문이라는 것이다. 그래서 주님은 어머니를 요한에게

부탁하셨다. 더 이상의 자세한 내용은 나에게 알려지지 아니하였다.

6. 여섯 번 째 질문도 주님께 드리는 질문이었다.

"주님 적그리스도와 거짓선지자가 지금 현재 이 세상에 있나요?"

주님의 말씀은 그들이 지금 물밑작업을 하고 있다는 것이다. 그러나 그들은 아직 표면에 드러나지 않고 있다고 말씀하신다.

7. 일곱 번째 질문, 주님은 적그리스도와 거짓선지자를 산채로 유황 불 못에 집어넣기 위하여 오시는데 왜 그러시냐고 물었다.

그리하였더니 주님이 말씀하시기를 내가 빨리 천년왕국의 시대로 들어가기 위해서라고 말씀하시는 것이었다.

8. 그 다음 나의 질문은 "주님 휴거는 언제 일어나나요?" 하는 것이었다.

주님께서는 계3:10절의 말씀을 인용하시면서

"네가 나의 인내의 말씀을 지켰은즉 내가 또한 너를 지키어 시험의 때를 면하게 하리니 이는 장차 온 세상에 임하여 땅에 거하는 자들을 시험할 때라"

대환난이 오기 전에 내 사랑하는 자들을 공중으로 끌어올릴 것이라 말씀하신다. 그리고 올라가지 못하고 남은 자들은 환난을 통과하게 될 것이라고 말씀하시면서 그 중에서 그 환난으로 인하여 또 다시 그 영혼들이 정결케 될 영혼들이 있다는 것이다.

9. 그 다음의 나의 질문은 그러면 "그 휴거의 때가 언제쯤입니까"하고 물었다.

주님은 말씀하시기를 "내가 문 밖에 이르렀다." 라고 말씀하시는 것이었다. 즉 이제 그 문만 열면 그 일이 일어난다는 것이다.

10. 또 나의 그 다음 질문은 "주님 그러면 누가 휴거 되나요?"하는 것이었다.

주님은 말씀하신다. "나와 하나가 되고자 하는 자들이다."

"하나가 된 자가 아니고요?"

"아니 되고자 하는 자들이다. 이 세상의 어느 누구도 나와 완벽히 하나 된 자는 없느니라."

주님은 우리의 모자람과 연약함을 다 알고 계시는 분이시다.

즉 그들의 영,혼,육이 거룩하게 되고자 하는 자들이 휴거된다고 말씀하셨다.

"영,혼,육이 거룩하게 되고자 하는 자들요?"

"그렇단다. 나와 같이 말이다."

여기서 나는 혼자 내 자신에게 질문해 봤다. 그러면 나는 어떤가 하는 것이었다.

그것은 과연 내가 충분히 주님과 하나가 되려고 하는 자인가 주님 보시기에 말이다.

그래서 나는 과연 휴거될 자격이 있는 자인가 하는 것이었다.

(지금 생각하면 나의 이 생각을 주님과 요한이 알고 있었을 것이다. 거기서는 마음의 생각이 다 드러난다.)

11. 그 다음의 나의 질문은 "주님 제가 이 시대에 전해야 할 말씀은요? 어떻게 사람들에게 전해야 합니까?"

주님이 말씀하신다.

"내가 너에게 말하지 아니하였느냐? 나는 이제도 있고 전에도 있었고 장차 올 자라 전하라!"

"주님 그럼 아직 안 이루어진 것은 장차 올 자에 대한 것이므로 그것을 전하면 되겠군요."

"그렇다 너는 사람들에게 나를 맞을 준비를 하라고 전하라. 그러기 위해서는 영과 혼과 육이 거룩해져야 한다고 말이다. 그리고 그들의 마음속에는 나만 섬겨야 한다고…… 그 마음 안에 나 외에 다른 어떤 것이 있으면 안 된다고 말이다."

12. 주님은 사도 요한 선생님과 더 이야기할 것이 있다고 하시면서 나를 혼자 보내셨다. 그리고 나는 내려왔다.

13. 그리고 나는 천국에서 내려오고 나서야, 아니 내 영이 육체안으로 들어오고 나서야 깨달아지는 것이 있었다.

첫째, 그것은 내가 생각하기에 주님의 놀라우신 배려함이다.
즉 한 번도 그런 적이 없었는데 오늘 따라 내가 천국 문에 들어섰을 때에 주님과 나는 똑같은 복장을 하고 있었다는 사실이다. 주님이 황금면류관을 쓰고 계셨고 또 황금허리띠를 하고 계셨다. 긴 흰옷을 입으시고. 나 또한 다른 날과 다르게 주님과 똑같은 황금면류관에다가 황금허리띠를 하고 있었던 것이다. '왜 그랬을까'하고 생각하니 주님은 우리가 사도 요한을 만나서 휴거에 대한 이야기가 나올 줄 아시고 누가 휴거 되어지냐고 물었을 때에 나와 하나가 되고자 하는 자들이니라. 라고 하셨을 그 때에 나는 내 마음속에 그러면 나는 과연 그러한 자 중에 속할까 하는 의문을 내가 가질 줄 아시고 이렇게 미리 천국에 내가 올라올 때부터 나로 하여금 주님과 같은 복장을 준비하게 하심으로 말미암아 간접적으로라도 그래 너는 나와 같이 되고자 하는 자 중의 한명이야 하시는 말씀을 하신 것이라고 밖에 볼 수 없는 것이다. 얼마나 감사한지....

그런데 사실 나는 휴거될 수 있을까? 라고 생각하면 너무 부끄럽다. 아니 정말 자격이 없는 것 같다. 오늘도 순간순간 죄를 짓고 사는 나를 보면 눈물 난다. 주님 저는 아직도 이 정도밖에 안 되는데요 그런데도 저를......... 주님과 같이 되고자 하는 자로 봐 주시다니요? 정말인지요? 제가 이런 사랑을 받을 자격이 있는지요? 울고 싶은 심정이었다.

우리는 정말 주님의 십자가 사건이 아니면 어떻게 그 많은 죄들을 사함을 받을 수 있을까? 생각하면 너무 끔찍하다.

둘째로 깨달아진 것은 도로 양옆에 있었던 흰 옷 입은 자들이 계시록에 나오는 수많은 흰 옷 입은 무리들이라는 사실이 깨달아지는 것이다.

셋째는 하나님의 계시는 이미 성경 하나로 완성되었다는 사실이었다. 내가 아무리 천국에 와서 모든 것을 알고자하나 성경에 나타나 있는 그 이상으로 나에게 계시되지 않는다는 사실이다.

할렐루야.

이 모든 깨달음을 주신 주님을 찬양합니다.

[계 22:18-19] (18)내가 이 책의 예언의 말씀을 듣는 각인에게 증거하노니 만일 누구든지 이것들 외에 더하면 하나님이 이 책에 기록된 재앙들을 그에게 더하실 터이요 (19)만일 누구든지 이 책의 예언의 말씀에서 제하여 버리면 하나님이 이 책에 기록된 생명나무와 및 거룩한 성에 참예함을 제하여 버리시리라

세계의 독재자들이 가는
지옥과 돈을 따라갔던 자들이 가는
지옥을 보다

(2013. 11. 28-9)

나는 주님께 독재자 OOO 를 보여 달라고 했다.

갑자기 한 남자가 거의 절벽에 우리를 보고 매달려 있는데 마귀의 부하가 저기 위에서 그의 목에 줄을 감아 힘 있게 양쪽 끝을 잡아당기니 목이 끊어지고 머리만 절벽에 달려 있는데 그 목 밑에는 목뼈가 조금 남아서 아래로 덜렁덜렁 달려있는 것이 보였다.

그리고 목 이하로 모든 몸이 벌써 아래로 떨어져서 목 위의 머리만 절벽에 매달려 있다.

그러고서도 두 눈을 뜨고 살아있는 것처럼 말을 한다.

그 절벽 밑으로는 진한 갈색의 아주 큰 코브라같이 생긴 상체가 납작납작한 뱀들이 많이 있었다. 이들은 절벽 위에서 떨어지는 그들의 몸을 벌써 먹어 치운 것이다.

독재자 OOO 옆에 조금 떨어져서 또 다른 독재자 OOO 가 보인다. 그도 이미 목줄에 의하여 잘려서 머리만 남고 목뼈가 덜렁덜렁 붙어있는 상태서 말을 한다. 그들은 서로 욕을 한다. 이쪽의 독재자의 몸도 벌써 잘려서 밑에 있는 코브라 뱀들이 먹어치운 것이다. 그리고 이들에게는 다시 몸이 달린다. 그리고 다시 그들은 목이 줄에 잘려서 그 몸은 다시 뱀들이 먹어치우는 것이다.

[눅 16:20-26] (20)나사로라 이름한 한 거지가 헌데를 앓으며 그 부자의 대문에 누워 (21)부자의 상에서 떨어지는 것으로 배불리려 하매 심지어 개들이 와서 그 헌데를 핥더라 (22)이에 그 거지가 죽어 천사들에게 받들려 아브라함의 품에 들어가고 부자도 죽어 장사되매 (23)저가 음부에서 고통 중에 눈을 들어 멀리 아브라함과 그의 품에 있는 나사로를 보고 (24)불러 가로되 아버지 아브라함이여 나를 긍휼히 여기사 나사로를 보내어 그 손가락 끝에 물을 찍어 내 혀를 서늘하게 하소서 내가 이 불꽃 가운데서 고민하나이다 (25)아브라함이 가로되 얘 너는 살았을 때에 네 좋은 것을 받았고 나사로는 고난을 받았으니 이것을 기억하라 이제 저는 여기서 위로를 받고 너는 고민을 받느니라 (26)이뿐 아니라 너희와 우리 사이에 큰 구렁이 끼어 있어 여기서 너희에게 건너가고자 하되 할 수 없고 거기서 우리에게 건너 올 수도 없게 하였느니라

또 돈을 따라간 자들이 가는 지옥이 보였다.

마귀 부하들이 그들이 있는 곳에 수많은 종이 지폐 돈으로 채우고 그러면 그 영혼은 그 돈 속으로 파묻혀 들어갔다. 그 지폐 돈들이 진흙 구덩이로 변하였다. 그리고 사람이 그 속에 빠져 들어가면서 돈으로 된 늪으로 빠져 들어가는 고통을 당하고 있었다.

그 다음은 역시 돈을 따라간 자가 받는 고통이 보였는데 돈 그림이 그려져 있는 형틀이 있었다.

벌거벗은 한 여자가 돈이다! 하고 느끼는 순간 그녀는 던져져서 그 돈이 그려져 있는 형틀의 판에 박히는데 거기는 날카로운 못들이 나와 있어 그녀의 몸에 박혔다. 이러한 돈 그림의 형틀이 이쪽저쪽 네 개로 사방에 있는 것이 보였다. 그 돈 그림이 있는 틀에 마귀의 부하들은 그 여자를 그 형틀에 번갈아가면서 던졌다. 그리고 그 여자의 몸은 벌거벗은 몸이었는데 던져질 때 마다 형틀에 나와 있는 긴 못들에 찔려서 피가 흐르며 고통을 당하고 괴로워하는 모습이 보였다.

[신 5:7] 나 외에는 위하는 신들을 네게 있게 말지니라
[마 6:24] 한 사람이 두 주인을 섬기지 못할 것이니 혹 이를 미워하며 저를 사랑하거나 혹 이를 중히 여기며 저를 경히 여김이라 너희가 하나님과 재물을 겸하여 섬기지 못하느니라

술중독자들이 가는
지옥을 보다

(2013. 12. 2)

　내가 천국에 올라가자마자 주님은 내게 약 6명의 군사를 붙여
서 나를 지옥으로 보내시는 것이었다. 그 무장된 천사들은 은
색 갑옷과 무기로 완전 무장을 했다. 주님이 나보고 잘 다녀오
라 하신다. 그리고 나는 그 무장한 천사들과 깊은 터널로 한없
이 내려갔다. 우리는 그 터널이 너무 캄캄하여 서로가 서로의
얼굴을 전혀 알아 볼 수 없었다. 그리고는 우리는 지옥의 입구
에 도착한 것이다.

　지옥으로 가까이 가자 뜨거운 기운이 확 느껴졌다. 그리고 우
리는 그 터널을 빠져 나오니 아래에는 큰 불구덩이가 있고 위에
는 절벽 같은 곳에 서게 되었다.
　무장한 군사들이 나란히 서서 나를 보호하였고 그래서 아무
도 나를 건드리지 못했다.
　터널을 빠져나와 절벽위에 서 있는데 반대편의 지옥 터널입

구들이 보인다. 그리고 밑에서는 불길이 바람처럼 위로 세게 올라오는 것이었다. 이 장소는 내가 지난번에 주님께서 나에게 보여주신 불신자들이 가는 지옥이었으므로 나는 이번에는 다른 곳이 보고 싶었다. 내가 그런 마음을 먹으니까 우리는 곧 다른 어떤 터널로 나가고 있었다.

그리고 우리가 간 곳은 며칠 전에 내게 잠시 보였던 곳이다.

그곳에는 움푹파진 구덩이 같은 곳에서 머리가 새하얀 두 사람이 그 구덩이에서 기어서 올라오는 것을 보았다. 아니 분명히 내가 보는 곳이 지옥인데 어찌하여 새하얀 두 머리가 올라올까 매우 궁금했다. 너무 이상해서 안 보려하니 안 보이게 되었다.

천국이나 지옥에서 내가 보지 않고자 하면 더 이상 안 보이는 경우가 많다. 억지로 주님이 보여주고자 하지 아니하실 때 말고는 말이다. 그러나 나는 그것이 무엇이었을까 하는 의문은 가시지 아니하였다.

'분명 사람이 구덩이에서 기어 올라온 것처럼 보였는데 그것이 무엇이었을까? 도대체 어찌된 사람들이기에 머리 전체가 하얗고 얼굴도 희게 보일까?'

얼굴 전체가 흰 천을 뒤집어 쓴 것처럼 눈만 빼놓고 다 희었다. 그리고 머리도...

그런데 나는 지금 거기로 다시 온 것이다.

'왜 그들이 온통 하얀색이었을까?' 하는 그 궁금증이 풀리는 순간이었다.

이 구덩이에 와보니 하얀 구더기들이 그들의 머리와 얼굴을 다 덮었던 것이다. 그 구덩이는 구더기로 가득찬 구덩이였다. 아니 어떤 자들이 이러한 형벌을 영원히 받는 가를 보았더니 이들은 알코올에 젖어서 중독된 자들로 인생을 살았던 자들이었다.

그들은 하나님보다 술에 더 그들의 영혼을 판 자들이라는 사실을 알 수 있었다. 주여!

[고전 3:16-17] (16)너희가 하나님의 성전인 것과 하나님의 성령이 너희 안에 거하시는 것을 알지 못하느뇨 (17)누구든지 하나님의 성전을 더럽히면 하나님이 그 사람을 멸하시리라 하나님의 성전은 거룩하니 너희도 그러하니라

그러고 나서 나에게는 또 다른 장면이 보이는데 그곳은 사방이 넓고 넓은 절벽에 사람들이 이 모양 저 모양으로 매달려서 마귀 부하들에게 고통을 당하는 모습이었다.

높고 높은 절벽에 정말 많은 사람들이 매달려서 각각이 다른 형벌을 받고 있었다.

그 형벌이 너무 가지각색이라 꼭 시장 바닥 같은 것을 연상케 했다. 이곳에서는 마귀의 부하에게 이러한 고통을 당하고 있었

고 저곳에서는 또 다른 마귀의 부하에게 또 다른 고통을 받고 있었다. 나는 사실 왜 하나님께서 이렇게 절벽에서 고통당하는 자들을 많이 보여 주시는지 알 수 없다. 세계의 독재자들도 절벽에 매달려 마귀에게 고통을 당하고 있는 모습을 보았었는데 또 가정 파괴범인 간음죄를 저지른 남녀도 절벽에 매달려 엉덩이가 터져 나오도록 곤장을 맞고 있는 것을 보기도 했었다. 그런데 나는 이제 한꺼번에 시장바닥과 같은 사람들을 절벽에 매달아 놓고 각종 형벌을 주고 있는 절벽을 보고 나온 것이다. '주여!'

루시퍼를 만나서
대화하다

(2013. 12. 3)

　　보통 때처럼 주님께 올라갔는데 주님이 잠깐 비취시는 것 같더니 곧 그 모습이 사라지셨다. 그리고 이번에는 천사들로 된 군사들이 보이지 않았다. 그래서 나는 좀 당황해 했다. 그러고 나서 곧 나는 어쩐지 내 목이 쪼그라드는 느낌을 받아서 나는 상당히 놀라게 되었다. "아니 내가 천국에 왔는데 왜 갑자기 목이 쪼그라들지?" 하면서 "아니 내가 갑자기 불구도 아닌데 왜 이러지?" 하고 있는데 (이것은 나중에 왜 이런 현상이 내게 나타났는가 해석이 되어졌다. 즉 루시퍼의 영향이었다. 사단의 영향으로 내 몸이 불구처럼 느껴졌던 것이다. 즉 루시퍼가 내 앞에 나타날 것을 미리 징조로 보여준 것이라 할 수 있다. 즉 사단이 나를 그렇게 하였다는 것이다. 그렇지 아니하면 이 현상을 설명할 도리가 없다. 왜냐하면 곧 바로 루시퍼가 내 앞에 나타났기 때문이다.)

갑자기 내 앞에 전 시야를 채우는 크나 큰 얼굴이 하나 나타났는데 전체 얼굴은 녹색깔에다가 눈과 머리가 올빼미 모양을 하고 있었다. 순간 너무 놀라서 "누구지?" 하는데 루시퍼라는 것이 즉시 알아졌다. 루시퍼. 온 천하를 꾀는 자. 갑자기 프리메이슨등이 큰 올빼미 상을 세워놓고 제사 드리는 장면이 생각났다. 아하 그들이 바로 이 루시퍼를 섬기는 것이구나. 깨달아졌다.

아니 내가 루시퍼를 만나고 있다니...
순간 겁이 조금 났다.
내가 '주님'하고 속으로 불렀다
그런데 주님은 보이시지 않는데 꼭 내 뒤에서 귀 옆에서 말씀하시는 것같이 말씀하신다.
"들어 보거라" 하고 말씀하신다.

루시퍼가 말한다
"하하하하 내가 온 천하를 꾀고 있지...하하하하"
웃음소리가 굉장히 기분 나쁘고 칼칼하고 째지는 목소리이다.
내가 말했다.
"그래도 하나님의 사람들이 있지..." 라고 말이다.
나는 단호히 물었다.
"적그리스도가 누구냐?"
그가 하나님의 말씀을 인용한다.

"하하하하 하나님의 성전에 앉아 내가 하나님이라 하는 자지
…."

또 물었다.

"그가 누구냐?"

"하하하하 알고 싶으냐? 곧 나타날 것이다."

나는 생각하기를 성전에 앉아 자기를 하나님이라 하려면 성
전이 지어져야 하지 않은가 라고 생각하고 있는데 루시퍼가 내
생각을 알고 말한다. "그것이 다 진행되고 있다" 이 성전은 지
금 유대인들이 건축하고자 하는 제 3성전을 의미한다.

"너 베리칩 알지?" 하고 내가 말했다.

그러자 루시퍼는

"그 베리칩으로 전 세계가 내 손아귀에 들어오지 하하하하."

라고 말했다. 오 마이 갓!

그래서 나는 또 물었다.

"거짓 선지자는 누구냐?"

"그도 내 종이지…………하하하하"

라고 말한다. 그리고 그는 연이어 말하기를

"내가 지금 전 세계에 동성연애를 퍼뜨리고 있지…하하하하

그들로 하여금 말초신경의 쾌락의 극치를 경험케 하여 하나
님을 모르도록 말이다. 흐흐흐흐…"

그 말에 나는 너무 화가 나서 이렇게 말했다.

"너 알지? 네가 활동할 시기가 얼마 남지 않았다는 것 말이다"

"흐흐흐, 알아. 그래서 나도 허락된 만큼 최선을 다하여 많은 사람들을 타락시켜서 저 영원한 불 못으로 데리고 가려고 하고 있지. 으하하하."

순간 나는 무서운 생각이 들어왔다.
그래서 나는 다시 '주님' 하고 불렀다.
주님은 다시 내 옆에서 '들어 보거라' 라고 말씀하신다.
꾀가 생겼다.
"네가 가장 싫어하는 사람들이 누구냐?"
"나는 하나님 말씀 보고 기도하는 자를 제일 싫어하지
그들은 내가 아무리 꼬시려고 해도 안 먹혀들어가."
"네가 가장 싫어하는 것은 무엇이냐?"
갑자기 루시퍼의 음성이 떨리면서 말한다.
"예수의 피. 예수의 피라는 말만 들으면 우리는 전혀 힘을 못써. 그리고 우리가 하려고 계획하였던 모든 것이 다 수포로 돌아가게 돼."

순간 나는 왜 예수의 피를 많이 외치고 또 사랑하는 자들을 예수의 피로 계속 날마다 덮어야 하는지를 다시 확인하였다.
"그러면 예수의 이름은?"
"그것도 우리가 들으면 꼼짝 못하고 우리는 물러가야 돼.
예수의 이름을 사용할 때 우리의 모든 계획이 말살되지...."

그래서 나는 재빨리 생각했다.

아하 그러면 예수의 이름으로 안 좋은 것들을 취소하면 되겠구나 ……

예수의 이름으로 내 입에서 나간 모든 저주의 말들을 취소한다 ……

그 다음 또 내가 물었다.

"너는 어떤 자들에게 공격을 못하나?"

"찬양하고 봉사하고 사랑하고 화평하고 희생할 때 꼼짝 못 해"

"그러면 언제 너는 활동하기 쉬우나?"

"서로 시기하고 질투할 때지 …..

그 때가 가장 우리가 활동하기 좋아. 우리가 그들에게 파고 들어가지…"

주님이 오늘 내가 루시퍼와 대화할 수 있게 하여 주신 것이다. 정말 기대도 생각지도 못한 일이 일어난 것이다.

내가 루시퍼와 대화하다니………

할렐루야. 주님을 찬양합니다!

[계 12:9] 큰 용이 내어 쫓기니 옛 뱀 곧 마귀라고도 하고 사단이라고도 하는 온 천하를 꾀는 자라 땅으로 내어 쫓기니 그의 사자들도 저와 함께 내어 쫓기니라

[사 14:12-15] (12)너 아침의 아들 계명성이여 어찌 그리 하늘에서 떨

어졌으며 너 열국을 엎은 자여 어찌 그리 땅에 찍혔는고 (13)네가 네 마음에 이르기를 내가 하늘에 올라 하나님의 뭇별 위에 나의 보좌를 높이리라 내가 북극 집회의 산 위에 좌정하리라 (14)가장 높은 구름에 올라 지극히 높은 자와 비기리라 하도다 (15)그러나 이제 네가 음부 곧 구덩이의 맨 밑에 빠치우리로다

[창 3:1-4] (1)여호와 하나님의 지으신 들짐승 중에 뱀이 가장 간교하더라 뱀이 여자에게 물어 가로되 하나님이 참으로 너희더러 동산 모든 나무의 실과를 먹지 말라 하시더냐 (2)여자가 뱀에게 말하되 동산 나무의 실과를 우리가 먹을 수 있으나 (3)동산 중앙에 있는 나무의 실과는 하나님의 말씀에 너희는 먹지도 말고 만지지도 말라 너희가 죽을까 하노라 하셨느니라 (4)뱀이 여자에게 이르되 너희가 결코 죽지 아니하리라

내 방식대로 산
크리스천이 가는 곳,
여기는 어디일까?

(2013. 12. 5)

천국으로 올라갈 때에 황금보석 꽃마차를 가지고 나를 맞으러 오는 천사는 항상 두 명이다. 한 명은 수레에 타서 말을 모는 천사이고 그리고 다른 한 명은 항상 바깥에 서서 나를 맞이한다. 그리고 이들은 옛날 제사장들이 입는 것과 같은 하얀 옷을 입은 천사들이다. 이들은 날개가 없는 천사들이다.

바깥에 서서 나를 맞이하는 천사가 말한다.
"주인님 어서 오십시오 어서 타십시오."
이 천사는 나를 주인님이라 부른다.
그러면 나는 황급히 마차를 탄다.
나는 주님을 뵌 지 벌써 하루반이 지났다.
그를 보고 싶은 그리움이 물밀듯이 몰려왔다. 빨리 그분을 뵙고 싶은 것이다.
곧 마차가 천국에 도착하고 주님은 항상 나의 오른 편에 서서 나를 맞이하여 주신다.

주님이 말씀하신다. "딸아 내 신부야 어서 오너라."

나는 주님을 보자마자 그분의 옷자락에 푹 안겼다. 왜냐하면 너무 보고 싶었기 때문이다. 그런데 나의 왼편 앞쪽으로 한 여인이 서서 나를 맞이하여 주는데 그녀는 아름다운 금면류관을 쓰고 있었다. 그 면류관 앞에는 큰 보석이 하나 중앙에 박혀 있었다. 나는 '누구지?' 하는 질문이 생겼다. 얼굴이 클레오파트라처럼 예뻤다. 그러는 사이에 주님과 나는 구름을 급히 타고 날았다. 그 여인을 뒤에 두고….

(나중에 안 사실인데 이 여인이 예수를 육체로 낳은 마리아였다. 그러나 무슨 일인지 모르지만 이 날은 나에게 그녀가 누구인지 알려지지 않았다.)

주님과 구름을 타고 나는데 이번에는 그 나는 속도가 엄청나다. 우리가 구름을 타고 나는데 비행하는 느낌이고 주님은 나를 데리고 멀리 멀리 가신다.

우리 밑에는 산이 보였는데 그 산들을 넘고 또 넘고 하였다.

그리고 비행하는 속도가 얼마나 빠른지 모르겠다.

나는 굉장히 궁금하였다. 도대체 어디로 가시는 것일까?

그 순간 여태까지 느껴지던 천국의 아름다움이 없어지고 전체적인 황량함이 순식간에 느껴지면서 어디로 확 빨려 들어가는 느낌을 받은 것이다. 그리고 그 다음 순간 내 앞에 보이는 것은 한 파리한 영혼이 힘없이 땅에 나자빠져 있는 것이었다. 예를 들자면 뼈가 없이 흐물흐물하여 땅에 나자빠져 있는 것 같은 모양이다. 꼭 영양실조에 걸린 자처럼 힘없이 나자빠져 있다.

순간 나는 겁이 나서 주님이 어디계신가? 하고 알려 하였는데 다행히 그분이 흰 옷을 입으시고 내 옆에 계심이 알아졌다.

한 영혼은 이렇게 나자빠져 있고 또 그 바로 옆 칸에 있는 영혼이 나에게 말한다.

여기에는 쇠창살이 없다. 마귀의 부하도 안보이고 구렁이도 안보이고 고문하는 기구도 없다. 그러나 방이 확실히 나누어져 있긴 한데 옆에 있는 방하고는 그냥 담이 하나 있어서 옆에 칸과 구분이 되고 있다. 그래서 그 다음 칸에 있는 영혼이 말한다.

그런데 영어로 말한다.

"I loved God. But I am here. I never tried to keep His commandments. I lived always my own way"

즉 자기는 하나님을 사랑했는데 여기 와 있다는 것이다.

그런데 자기는 한 번도 하나님의 명령을 지키려고 하지 않았고 자기 방식대로만 살았다고 말하는 것이었다. 즉 그가 왜 여기 와 있는지를 자신이 설명을 하는 것이다.

그 영혼은 교회를 다녔었다. 그러나 하나님의 명령을 무시하고 자기방식대로 늘 살아온 것이다. 그리고 죽어서는 여기에 온 것이다. 주여!

　그러면서 나는 '여기가 어디일까?' 궁금하여 하면서 그러다 나는 잠이 들었다.

　그런데 나는 깨어나서도 궁금했다. 도대체 거기가 어디인가?

　저번에 한번 이런 곳과 유사한 곳을 본적이 있다.

주님의
집무실을
방문하다

(2013. 12. 6)

　천국에 올라갔다. 주님뿐 아니라 어제 보았던 그 클레오파트라같이 아름다운 여인이 또 나를 맞이하였다.

　주님은 나의 오른편 옆쪽에서 이 여인은 나의 왼편 앞쪽에서 나를 맞이하여 주었다. 주님은 내 옆에 아주 가까이 서 계셨지만 이 여인은 나에게서 좀 거리를 두고 앞쪽으로 서 있었다.

　오늘은 그냥 그 여인이 마리아라는 것이 알아진다.

　그래서 나는 주님께 말했다.

　"주님, 마리아이군요!" 했더니 "그렇단다." 하셨다.

　주님이 "내 집무실로 가자" 하고 말씀하신다.

　와우 주님의 집무실에 간다니 나는 아주 감격스러움을 감추지 못하고 어린아이처럼 좋아했다. 그래서 그런지 내 지상의 몸이 감격하여 어깨 쪽이 들썩들썩 거린다. 참 이상하게도 천국에서 내가 너무 감격스러우면 지상에 있는 나의 몸이 반응을 한다.

그러자 우리는 곧 바로 주님의 집무실에 벌써 와 앉아 있었다. 둥그런 고급스러운 테이블에 세 명이 앉은 것이다.

주님, 마리아, 그리고 나.

주님은 테이블위에 무슨 서류를 앞에 갖고 계신다. 그 서류를 만지작거리시면서 나보고 "내 뮤직을 들어볼래?" 하신다.

그 서류는 악보들이었다.

"네"라고 대답하자마자 우리 오른편 옆쪽으로 아기천사들로 구성된 성가대가 나타났다. 그리고 지휘하는 천사가 있었는데 이 지휘하는 천사는 아기천사들보다 좀 큰 천사였다. 아기천사들은 다 두 날개를 가졌다. 그들은 음악을 연주하기 시작하였는데 '징글벨 징글벨' 하고 연주를 하면서 노래까지 하는 것이었다.

천국에서 징글벨 노래를 듣는 것은 참으로 감격스러웠다.

아하 곧 크리스마스가 다가오니 주님은 오늘 나에게 이 노래를 들려주시는구나 하고 나는 너무 기뻐했다.

나는 이제야 왜 마리아가 어제부터 자꾸 주님과 같이 보이는지 이해가 됐다. 주님 탄생일 날이 가까이 오니 같이 가까이 있는 것이 알아졌다.

그리고 나서 주님이 내게 "사라야!" 하고 부르신다.

나는 "네" 하고 대답했다.

"너는 나를 위해 어떤 일을 하고 싶으냐?" 하고 물으신다.

"저는 주님을 기쁘게 하고 싶어요!" 라고 대답을 하자 마리아가 밝게 미소를 짓는다.

주님은 테이블 위에서 지도를 펴신다. 그러시면서 지난번에 주님이 내게 말씀하신 즉 먼저 멕시코로 그 다음 아프리카, 중국, 일본, 이스라엘, 터어키, 그리스 등등 순회선교를 명하신 것을 기억나게 하시면서 선교 가서 꼭 지옥과 천국을 본 것도 간증을 하라 하신다. 할렐루야.

주님 꼭 그렇게 하겠습니다.

도적질한 자들이
가는 지옥을 보다

(2013. 11. 22)

천국에 올라가자마자 주님이 이번에는 네 명의 눈 쪽에만 까만 복면을 한 완전무장한 천사들을 내게 붙여 주셨다. 지옥을 가는 것이었다. 이 무장한 네 천사가 내가 지옥 가는 것을 호위하였다. 이번에도 주님은 같이 가시지 않고 나하고 천사들만 보내시는 것이었다.

우리가 간 곳은 도둑질한 자들이 가는 곳이었다.

들어서자마자 뱀과 같은 얼굴을 한 악한 마귀의 부하들의 공격이 느껴졌다. 그 때 나와 함께 한 천사가 그들을 물리쳤다. 그리고 나서 창과 칼들이 서로 부딪히는 소리들이 들리면서 나의 눈에는 여러 가지 형벌을 받는 장면이 펼쳐졌다.

1. 처음에 눈에 들어온 것은 두 세 마리의 날렵한 이티같이 생

긴 것들이 벌거벗은 사람을 겉이 두 겹으로 만들어진 작은 집채만 한 수족관에, 그 수족관은 모양이 둥근 원형으로 되어 있는데 사람을 그 두 겹 사이에 끼워 넣었다. 그 두꺼운 유리로 된 수족관의 두 겹 사이의 공간은 너무 좁아서 사람을 거기에 밀어 넣을 때에 그 고통이 심할 뿐 아니라 그리고 그 두 겹 사이에는 물이 차있었으므로 자연히 물고문까지 당하는 것이었다.

이티같이 생긴 그 사단의 부하들은 사람을 거기다가 끼워 넣고는 고문당하는 모습을 보고 좋아서 낄낄거리며 수족관의 맨 위 가장 자리를 이리저리 건너뛰고 다니고 있었다. 이 자는 나중에 알게 되었는데 어떤 도적질을 한 자였느냐면 아버지의 재산을 몰래 도적질 하여 갖다가 쓴 자였다. 즉 아버지의 재산을 몰래 가져가서 몰래 쓰는 것도 도적질에 해당하는 것이었다.

2. 두 번째로 내 눈에 들어온 모습은 같은 장소에서 한쪽 팔이 떨어져나간 자를 두 부하가 군인용 들 것에 실어서 나르는 모습이 보였다. 팔이 떨어져 나간 곳에서는 피가 흐르고 있었다. 그 팔이 하나 떨어져서 실려 나가는 자는 어떤 도적질을 하였느냐면 다른 사람의 아이를 그 팔로 도적질하여 유괴한 자였다. 즉 아이를 도적질하여 유괴한 자는 팔을 뽑아내는 것이었다.

3. 그 다음은 같은 장소에서 좀 더 안쪽이 보이는데 한 남자

가 벌거벗은 몸으로 십자가에 매달려 고통을 받고 있었다.

십자가에 달려서 고통 받는 그 자는 평생 강도질을 일삼은 자였다. 그러자 그때 주님 곁에 십자가에 달린 두 강도가 생각이 나는 것이었다. 지옥에서도 평생 강도질한 자는 이렇게 십자가에 달아서 고통을 주고 있었던 것이다.

4. 또 한 쪽에는 우물의 큰 도르래에 사람들을 차례로 묶어놓고 그 우물에서 도르래가 위아래로 올라가고 내려갈 때에 물속에 들어갔다 나왔다하면서 물고문 도르래 고문으로 고통당하는 자들이 있었다. 이들은 남의 물건을 좀도둑질한 자들이었다.

5. 또 이 왼편 한쪽에서는 큰 칼날들이 여러 개 서 있고 그 사이로 사람의 몸통을 밀어 넣으니 몸통이 여러 개로 횡으로 잘리는 모습이 보였다. 얼마나 끔찍하였는지.....

보자마자 나는 소리를 질렀다. "오 마이 갓!" 나는 주님께 물었다. "이런 자는 어찌하여 이러한 형벌을 받고 있나이까?" 주님이 그냥 내게 알게 하신다.

그들은 하나님의 성물을 훔쳐서 팔아먹은 자들이라는 것을 알게 하셨다.

[레 5:15-16] (15)누구든지 여호와의 성물에 대하여 그릇 범과하였거든 여호와께 속건제를 드리되 너의 지정한 가치를 따라 성소의 세겔로 몇 세겔 은에 상당한 흠 없는 수양을 떼 중에서 끌어다가 속건제

로 드려서 (16)성물에 대한 범과를 갚되 그것에 오분 일을 더하여 제사장에게 줄 것이요 제사장은 그 속건제의 수양으로 그를 위하여 속한즉 그가 사함을 얻으리라

정말 도둑질도 여러 가지구나 깨달아졌다.
가족의 것을 도적질, 좀도둑질, 평생 강도질, 아이를 도적질, 성물을 도적질, 이 모든 도적질한 자들이 지옥에서 영원히 형벌을 받고 있었다.

[신 5:19] 도적질 하지도 말지니라

35

주님의 위로하심

(2013. 12 6)

나는 다시 천국에 올라갔다.

이번에는 내가 지옥을 갔다 와서 그런지 마리아와 주님이 나를 엄청 위로하려 하셨다. 왜냐하면 지옥의 장면을 보고 나면 내가 야위어지는 것 같다. 많은 스트레스를 받는다.

그래서 그런지 주님과 마리아는 나를 아주 절실히 안타까이 정말 수고하였다는 표정으로 맞아주시면서 두 분이 같이 나에게 얼굴을 거의 갖다 대고 비비면서 수고가 많았다는 위로의 표정을 하고 계셨다. 이 모든 것이 마음으로 다 느껴졌다.

그리고 주님은 마리아와 나를 내 집으로 데리고 가셨다.

내 집으로 온 것이 아주 오랜만인 것이다.

정원의 연못의 잉어들이 내가 오니까 좋아서 뛰어오르며 자기네들끼리 공중에서 쇼를 부린다. "우리 주인 왔다. 우리 주인

왔다." 하면서 말이다.

내 집에서 마리아와 주님과 그리고 나는 내 집에 놓여 있는 큰 직사각형의 긴 테이블에 앉았는데 그 테이블은 의자와 함께 모두 금으로 되어 있었다.

마리아가 내게 진주 목걸이를 하나 선물하였다. 예쁘다.

나는 주님께 아픈 마음으로 나의 남편에 대해서 물었다.

내 남편이 정말 나와 함께 끝까지 주의 사역을 같이 할 자냐고?

주님이 말씀하신다. "그래서 내가 너 결혼 전에 성령의 불로 세 번 가르쳐 주지 않았냐고....."

나는 또 물었다. 그런데 어찌 나와 이렇게 다르냐고?

그리고 나는 그의 집이 나무기둥만 몇 개 서 있었던 것이 생각났다.

그때 주님은 말씀하신다. 너희가 원하면 이 집에서 같이 살게 하여 주시겠다고 말씀하신다. 그리고 너희는 나의 일을 같이 하게 될 것이라는 암시도 주셨다.

할렐루야 주님을 찬양합니다. 그리고 나는 내려왔다.

[마 19:5-6] (5)말씀하시기를 이러므로 사람이 그 부모를 떠나서 아내에게 합하여 그 둘이 한 몸이 될지니라하신 것을 읽지 못하였느냐 (6) 이러한즉 이제 둘이 아니요 한 몸이니 그러므로 하나님이 짝지어 주신 것을 사람이 나누지 못할지니라 하시니

오늘 주님이 나를 내 집으로 데리고 간 것은 나로 하여금 내 안에 있었던 질문, 과연 내 남편이 나와 함께 사역을 같이 할 것인가에 대하여 질문케 하시려고 나를 내 집으로 데리고 가신 것을 내려와서야 알았다. 그리고 너희가 원하면 이 집에서 같이 살게 하여 주시겠다고...........

그 대답을 하시려고 나를 내 집으로 데리고 가신 것이다.

할렐루야.

천국에서 향유옥합을
깨트린 마리아를 만나다

(2013. 12. 9)

천국에 올라갔다. 주님이 황금색 가운을 걸치시고 나를 맞이
하신다. 또 내 왼편 앞쪽으로는 머리를 동그랗게 부풀게 뒤로
올린 여인이 나를 맞이한다.

그가 누구냐면 그의 향유 옥합을 깨어서 주님의 장사를 준비
하였던 마르다의 동생 마리아인 것이 그냥 알아졌다. 주님이
마리아와 나 이 셋이서 어디로 가시나 했는데 우리는 벌써 나의
집에 도착 한 것이다.

긴 직사각형의 황금테이블에 저쪽에 두 분이 앉으시고 그리
고 이쪽에는 내가 앉았다.
앉자마자 나는 마리아에게 질문을 이렇게 했다.
마리아는 어떻게 그렇게 귀한 향유 옥합을 깨뜨려서 드릴 수
있었냐고 물었더니

마리아는 이렇게 대답을 한다.

"주님을 섬기는 데는 내 소유가 없어야 합니다." 할렐루야 그렇습니다. 아멘

그렇습니다. 주님을 섬기는 데는 우리에게는 내 소유가 없어야 하는 것이다.

그리고 나는 주님께 여쭈었다.

주님 12/19일 날 사람들을 데리고 기도원 올라가서 천국과 지옥 간증 집회할건데 주님이 불로 역사하여 주실 것인가요? 하고 걱정스런 얼굴로 주님께 물었다.

그랬더니 주님께서 그러시겠다고 하시면서 주님의 눈이 갑자기 횃불처럼 변하시는 것이었다. 두 눈이 불꽃모양으로 변하셨다. 할렐루야. 나는 그것을 주님이 꼭 역사하시겠다는 것으로 받았다. 할렐루야 주님 감사합니다.

[마 26:7-13] (7)한 여자가 매우 귀한 향유 한 옥합을 가지고 나아와서 식사하시는 예수의 머리에 부으니 (8)제자들이 보고 분하여 가로되 무슨 의사로 이것을 허비하느뇨 (9)이것을 많은 값에 팔아 가난한 자들에게 줄 수 있었겠도다 하거늘 (10)예수께서 아시고 저희에게 이르시되 너희가 어찌하여 이 여자를 괴롭게 하느냐 저가 내게 좋은 일을 하였느니라 (11)가난한 자들은 항상 너희와 함께 있거니와 나는 항상 함께 있지 아니하리라 (12)이 여자가 내 몸에 이 향유를 부은 것은 내 장사를 위하여 함이니라 (13)내가 진실로 너희에게 이르노니 온 천

하에 어디서든지 이 복음이 전파되는 곳에는 이 여자의 행한 일도 말

하여 저를 기념하리라 하시니라

또 지옥의 장면들을
구경하다

(2013. 12. 9)

천국에 도착하자마자 주님은 나를 지옥으로 보내실 작정이었다. 왜냐하면 한 명의 복면을 한 천사가 나를 따라붙었다.

이번에는 정말 엘리베이터를 타듯이 밑으로 쭉쭉 내려갔다.

이번에 천사는 무장하지 않았고 다만 쫙 달라붙은 옷을 입고서는 또 팔짱까지 끼고 나를 따라왔다. 한참을 내려갔는데 바닥까지 다 내려왔다.

거기는 큰 둥그런 돌이 쇠사슬에 달렸는데 사람을 쫙 짜는 것이었다. 그 돌이 위에서 구르면서 사람을 짰다.

아니 어찌 이런 형벌이? 너무 끔찍하였다. 어떤 자가 이러한 형벌을 받는가 궁금하였다. 그렇게 생각하는데 그가 공금을 횡령한 자라는 것이 알아졌다.

그 다음에는 오른쪽 옆쪽으로 큰 맷돌에 갈리는 사람을 보았다. 살이 밀리고 터지고 있었다. 피가 나고 창자가 갈리고 너무 끔찍하다. 이 고통을 받고 있는 자는 사람을 강간하고 죽인 자라는 것이 그냥 알아졌다.

나와 함께 한 천사가 나에게 말을 한다.
"주님이 저 건너편 안쪽으로 이동하라고 하십니다."라고 말이다.
그 안쪽에는 더 끔찍한 장면이 벌어지고 있었다.
성도와 불륜을 저지른 목사가 이루 말할 수 없는 끔찍한 고통을 받고 있는 것이 보였다.

[신 5:18] 간음하지도 말지니라

뜨거운 가마솥 안에서
고통을 당하는
이단을 섬긴 자들

(2013. 11. 22)

오늘 세 번째 천국에 올라갔다.

가운을 걸친 한 명의 천사가 나를 따라붙었다.

이 천사는 나에게 말하기를 "제가 모시겠습니다." 하고 말하면서 나를 옆으로 비스듬하게 아래로 나있는 터널로 나를 인도하였다.

나는 주님이 안 보이시지만 주님께 물었다.

"주님 어디로 가는 것이지요?"

주님이 안 보이시는데도 말씀을 하신다. "가 보아라!"

주님은 분명 안 보이시는데 내가 주님께 물으면 주님의 음성이 들린다.

어느 정도 내려가니 큰 가마솥이 보인다.

그 안에 수많은 자들이 안에서 소리치고 있었다.

얼마나 솥이 큰지..........

솥 바깥에는 불이 활활 타고 있었다.

"주여 저자들은 어떤 자들입니까?" 하는 질문을 하자

그들은 이단을 섬긴 자들로서 단체로 가마솥 안에서 뜨거운 형벌을 받고 있었다.

[요 14:6] 예수께서 가라사대 내가 곧 길이요 진리요 생명이니 나로 말미암지 않고는 아버지께로 올 자가 없느니라

이단을 섬기는 자들은 이렇게 가마솥 안에서 단체로 고통을 받는다.

인간 창조 역사관에서
베드로와 사도요한을 만나다

(2013. 12.10)

천국에 갔다. 주님이 나를 맞아 준다.

그리고 어여쁜 수종드는 여인이 보인다. 그녀는 머리를 뒤로 조금 길게 묶었고 앞치마를 두르고 있었다.

길에는 아이보리 색깔의 비단으로 된 원단이 저 멀리까지 쫙 깔려 있었다. 나의 복장은 리본같이 생긴 황금 띠로 장식된 드레스를 입고 있었는데 주님과 같이 그 원단이 깔린 길로 같이 가는 것이었다.

주님과 같이 길을 걷는다는 것은 나에게 즐거움과 기쁨을 극도로 충만케 했다. 꼭 신랑 신부 입장하는 것같이 너무나 기뻤다.

우리 앞에서는 초록색깔의 어릿광대처럼 생긴 조그만 천사가 좋아서 이리 뛰고 저리 뛰고 하고 있었다. 주님과 나는 그 길을 그렇게 즐겁게 입장하듯이 걸었다.

그리고 그 길 끝에 쯤 가서 주님과 나는 구름을 타고 인간창
조역사관으로 갔다.

한참 날다가 박물관 지붕이 보였다. 그 지붕은 녹색 나선형무
늬로 된 큰 건물인데 숲으로 둘러싸여 있었다.

우리는 곧 입구로 들어섰다.

거기는 아무도 없었다.

들어서자마자 보이는 그림은 한 죄인인 여인이 회개하며 눈
물로 주님의 발을 씻는 장면이었다. 이 그림은 저번에도 보았
다. 그런데 이번에는 그 옆쪽으로 있는 그림이 보였다.

그것은 베드로가 가슴까지 물에 빠져있고 그 때 주님이 곧 오
셔서 팔을 내미는 장면이었다. 그 그림을 보고 있는데 벌써 베
드로가 우리 옆에 나타났다.

언제나 그렇듯이 그는 항상 기쁘고 덤벙대며 매우 성격이 활
달하다는 것이 그를 보자마자 느낀다. 베드로가 말한다.

"아이고 나는 왜 이런 것으로 사람들에게 유명한지 모르겠어
요." 라고 말한다.

즉 자신이 사람들에게 예수님을 세 번 부인한 사건으로 유명
하고 또 물위를 걷다가 갑자기 일어난 풍랑 때문에 의심하다가
물에 빠진 사건으로 유명하다는 것이다. 즉 다 이렇게 안 좋은
일로 유명하다는 것이다.

우리는 그 말에 주님과 나 그리고 베드로 모두 크게 웃었다.

"그러나 우리 베드로 선생님은 아주 훌륭한 주님의 수제자였

어요." 하고 나는 마음으로 그를 위로했다. 우리는 서로 말없이 마음으로 통한다.

그 다음 사도 요한이 도착했다. 사도 요한은 금발 머리를 한 아름다운 청년이다.

그 다음 우리는 어디로 갈까를 의논하였는데 주님께서 일곱 교회에 편지 보낸 곳의 그림이 있는 곳으로 가자는 의견이 모아졌다.

내가 생각하기는 주님은 우리가 이미 그쪽으로 이동할 줄 아시고 요한을 부르신 것 같았다. 우리는 주님이 마지막 편지를 보낸 교회 라오디게아 교회의 그림이 있는 쪽으로 갔다.

거기는 주님이 문밖에 서서 문을 열어달라고 두드리고 있는 모습이 크게 그려져 있었다.

주님이 없는 교회, 주님이 없는 신앙생활을 하고 있는 라오디게아 교회였다.

나는 주님께 물었다.

"주님! 주님 없는 신앙생활하면 즉, 내가 주인 되어 신앙생활하면 어떻게 되는 거지요?"

모든 사람의 얼굴이 먹통이 되는 느낌을 받았다. 즉 그들의 얼굴들이 사라져 버린 것이다. 더 이상 그들의 얼굴이 보이지 아니하였다. 나는 내려와야 했다.

그것이 대답인가? 천국에 못 온다는 이야기인가?

[계 3:15-21] (15)내가 네 행위를 아노니 네가 차지도 아니하고 더웁지도 아니하도다 네가 차든지 더웁든지 하기를 원하노라 (16)네가 이같이 미지근하여 더웁지도 아니하고 차지도 아니하니 내 입에서 너를 토하여 내치리라 (17)네가 말하기를 나는 부자라 부요하여 부족한 것이 없다 하나 네 곤고한 것과 가련한 것과 가난한 것과 눈 먼 것과 벌거벗은 것을 알지 못하도다 (18)내가 너를 권하노니 내게서 불로 연단한 금을 사서 부요하게 하고 흰 옷을 사서 입어 벌거벗은 수치를 보이지 않게 하고 안약을 사서 눈에 발라 보게 하라미지근하여 내가 토하여 내치리라 (19)무릇 내가 사랑하는 자를 책망하여 징계하노니 그러므로 네가 열심을 내라 회개하라 (20)볼지어다 내가 문밖에 서서 두드리노니 누구든지 내 음성을 듣고 문을 열면 내가 그에게로 들어가 그로 더불어 먹고 그는 나로 더불어 먹으리라 (21)이기는 그에게는 내가 내 보좌에 함께 앉게 하여주기를 내가 이기고 아버지 보좌에 함께 앉은 것과 같이 하리라

이기는 자는 주님의 보좌에 앉게 하여 주리라.
갑자기 내 질문에 그들의 얼굴이 먹통이 되어 버린 것은
하늘의 주님의 보좌에 앉혀지지 못한다는 의미인가?
아니면 이전에 보여 주었는데 또 보여 달라고 해서 그런 것인가?

크리스천은 크리스천인데 하나님의 명령을 지키지 못하는 자

들, 즉 라오디게아 교회같이 이기지 못하는 자들이 가는 곳은 어디인가를 여기서 정리하여 보고자 한다.

주님이 사도 요한을 통하여 계시록에서 하신 말씀을 토대로 보면 이렇게 정리가 된다 (참조: 회개소 p111, 내 방식대로 산 크리스천이 가는 곳, p166)

성경구절	이기는 자	이기지 못하는 자
[계 2:7] 귀 있는 자는 성령이 교회들에게 하시는 말씀을 들을지어다 이기는 그에게는 내가 하나님의 낙원에 있는 생명나무의 과실을 주어 먹게 하리라	생명나무의 과실을 먹게된다.	생명나무의 과실을 못먹는다.
[계 2:11] 귀 있는 자는 성령이 교회들에게 하시는 말씀을 들을지어다 이기는 자는 둘째 사망의 해를 받지 아니하리라	둘째 사망의 해를 받지 않는다.	둘째 사망의 해를 받게 된다.
[계 2:17] 귀 있는 자는 성령이 교회들에게 하시는 말씀을 들을지어다 이기는 그에게는 내가 감추었던 만나를 주고 또 흰 돌을 줄 터인데 그 돌 위에 새 이름을 기록한 것이 있나니 받는 자 밖에는 그 이름을 알 사람이 없느니라	하늘의 감추어진 만나를 먹게 되고 또 새 이름이 새겨진 흰돌을 받게 된다.	하늘의 만나를 못먹게 되고 새 이름이 새겨진 흰돌도 못받는다.

성경구절	이기는 자	이기지 못하는 자
[계 2:26] 이기는 자와 끝까지 내 일을 지키는 그에게 만국을 다스리는 권세를 주리니	만국을 다스리는 권세를 받는다.	만국을 다스리는 권세가 없다.
[계 3:5] 이기는 자는 이와 같이 흰 옷을 입을 것이요 내가 그 이름을 생명책에서 반드시 흐리지 아니하고 그 이름을 내 아버지 앞과 그 천사들 앞에서 시인하리라	흰옷을 입는다. 생명책에서 이름이 흐려지지 아니한다. 그리하여 하나님아버지 앞과 천사들앞에서 그이름이 시인된다.	흰옷을 입지 못한다. 생명책에서 이름이 흐려진다 그리하여 하나님아버지앞과 천사들앞에서 그이름이시인되지 못한다.
[계 3:12] 이기는 자는 내 하나님 성전에 기둥이 되게 하리니 그가 결코 다시 나가지 아니하리라 내가 하나님의 이름과 하나님의 성 곧 하늘에서 내 하나님께로부터 내려 오는 새 예루살렘의 이름과 나의 새 이름을 그이 위에 기록하리라	하나님의 성전에 기둥이 된다. 그 위에 하나님의 이름, 새 예루살렘의 이름, 그리고 예수님의 새 이름이 기록된다.	하나님성전에 기둥이 되지 못하여 하나님의 이름 새예루살렘의 이름 그리고 예수님의 새 이름이 그 사람위에 기록되지 못한다.
[계 3:21] 이기는 그에게는 내가 내 보좌에 함께 앉게 하여주기를 내가 이기고 아버지 보좌에 함께 앉은 것과 같이 하리라	예수님이 앉으신 그 보좌에 함께 앉게 된다.	예수님이 앉으신 그 보좌에 함께 앉지 못한다.

성경구절	이기는 자	이기지 못하는 자
[계 21:6-계 21:7] (6)또 내게 말씀하시되 이루었도다 나는 알파와 오메가요 처음과 나중 이라 내가 생명수 샘물로 목 마른 자에게 값 없이 주리니 (7)이기는 자는 이것들을 유업으로 얻으리라 나는 저의 하나님이 되고 그는 내 아들이 되리라	생명수 샘물을 값없이 마신다. 하나님의 아들이 된다.	생명수 샘물을 마실 수 없다. 하나님의 아들이 되지 못한다.

이 책 p111의 회개소와 p166 에 나와 있는 내 방식대로 산 크리스천이 가는 곳을 참고하여 보아야 한다.

성경은 이기는 자와 이기지 못하는 자에 대하여 아주 상세히 잘 가르쳐 주고 있다.

이기지 못하는 자들이 가는 곳? 거기가 어디일까?

그곳은 아마도 회개소일 것이다.

거기는 영혼들이 나자빠져 있었고

슬피 울며 이를 갈고 있었고

매를 맞고 있는 자들도 있었다.

(천국과 지옥 간증수기 2권 참조).

다음은 주님이 하신 말씀들이다.

[마 24:48-51]

(48)만일 그 악한 종이 마음에 생각하기를 주인이 더디 오리라 하여 (49)동무들을 때리며 술친구들로 더불어 먹고 마시게 되면 (50)생각지 않은 날 알지 못하는 시간에 그 종의 주인이 이르러 (51)엄히 때리고 외식 하는 자의 받는 율에 처하리니 거기서 슬피 울며 이를 갊이 있으리라

[마 22:9-13]

(9)사거리 길에 가서 사람을 만나는 대로 혼인 잔치에 청하여 오너라 한대 (10)종들이 길에 나가 악한 자나 선한 자나 만나는 대로 모두 데려 오니 혼인자리에 손이 가득한지라 (11)임금이 손을 보러 들어올새 거기서 예복을 입지 않은 한 사람을 보고 (12)가로되 친구여 어찌하여 예복을 입지 않고 여기 들어왔느냐 하니 저가 유구무언이어늘 (13)임금이 사환들에게 말하되 그 수족을 결박하여 바깥 어두움에 내어 던지라 거기서 슬피 울며 이를 갊이 있으리라 하니라

[마 25:28-30]

(28)그에게서 그 한 달란트를 빼앗아 열 달란트 가진 자에게 주어라 (29)무릇 있는 자는 받아 풍족하게 되고 없는 자는 그 있는 것까지 빼앗기리라 (30)이 무익한 종을 바깥 어두운 데로 내어쫓으라 거기서 슬피 울며 이를 갊이 있으리라 하니라

여기서 악한 종, 예복입지 못한 자, 받은 달란트로 이윤 남기지 못하고 숨겨둔 자, 그리고 열 처녀 중에서 주님을 기다리고 있었으나 기름준비를 충분히 하지 못한 미련한 다섯 처녀가 가는 곳이 하나님의 영광이 해같이 빛나는 새 예루살렘 성 안이 아니라 성 밖인 바로 이곳이라 생각된다.

[마 25:10-13]
(10)저희가 사러 간 동안에 신랑이 오므로 예비하였던 자들은 함께 혼인 잔치에 들어가고 문은 닫힌지라 (11)그 후에 남은 처녀들이 와서 가로되 주여 주여 우리에게 열어 주소서 (12)대답하여 가로되 진실로 너희에게 이르노니 내가 너희를 알지 못하노라 하였느니라 (13)그런즉 깨어 있으라 너희는 그 날과 그 시를 알지 못하느니라

천국에서
오병이어를 제공한
주인공을 만나다

(2013. 12. 12)

천국에 올라가니 예수님이 흰 옷을 입고 계신다.

오늘은 나에게 머리에는 면류관을 씌우고 하얀 드레스를 입은 채로 천사들이 가마에 태워 정원으로 데리고 간다. 주님은 그냥 옆에서 걸으셨다. 그리고 천사들은 나를 내려놓고 갔다.

옆으로 아름다운 주황색 꽃과 노랑색 꽃이 많이 피어 있다. 주황색 꽃이 말을 한다.

아니 사실은 내가 먼저 말을 했다. 그러나 말 안 해도 통한다.

"나 요즘 마음이 힘들었어." 마음으로 말했다.

그랬더니 주황색 꽃이 말한다.

"괜찮아 주님께 다 말해." 하면서 나를 위로하는 것이었다.

그리고 주님과 나는 계속 걸었는데 정원 끝에 바다 모래사장이 시작되었다.

불가사리가 말을 한다. "따라가도 되나요?" 콩콩 뛰면서 따라온다. 나는 놀라 아니 불가사리가 뛰다니? 천국이 이런 곳이구나! 하고 새롭게 느껴지는 것이었다.

그러고 나서 나는 주님과 구름을 타고 인간창조역사관으로 갔다. 들어가자 내 눈에 그림이 보이는데 오병이어 사건의 사진이 보였다.

주님이 빵을 들고 있는데 똑 같은 빵이 줄줄이 달려 있다. 꼭 줄줄이 사탕처럼.... 떼어 주어도 또 그 길이 만큼의 빵이 곧 생기는 것을 알 수 있었다.
내가 말했다.
"주님 그 오병이어를 바쳤던 그 아이를 보고 싶어요. 보여 주세요?" 했더니 덩치가 아주 큰 청년이 나타났다. 그 청년이 바로 그 아이였던 것이다.

나는 그가 주님께 오병이어를 바쳤으므로 나중에 천국에서 얼마나 큰 상급을 받았는지 알고 싶었다.
그래서 우리는 곧 그의 집으로 이동했다. 분홍색 집이었다.
집은 그렇게 믿음의 선진들의 집처럼 크지 않았다. 믿음의 선진들의 집은 아주 큰 궁이거나 아예 도시처럼 생겼다. 집안의 정원에 시내가 흐르듯이 장식되어 흐르고 있었다. 우리는 집 바깥 정원 뜰에서 긴 의자 테이블에 앉아 이야기 했다. 나는 질문 했다.

"어떻게 그 때 어린아이였는데 주님이 필요하다하여 가진 것 모두 다 그 오병이어를 내어 놓을 수 있었냐고?"

그때 답으로 주님이 하신 말씀이 생각났다.

이런 경우는 주님이 내게 답으로 성경구절을 생각나게 하여 주시는 것으로 믿는다. 왜냐하면 그것이 진실이니까.

어린 아이들이 내게 오는 것을 금하지 말라. 천국은 이런 자의 것이니라.

그리고 곧이어 다음 구절이 생각났다.

너희가 돌이켜 어린아이와 같이 되지 아니하면 결단코 천국에 들어가지 못하리라 하는 성경구절이 생각 나는 것이었다.

즉 그 어린아이는 제자들이 가서 주님이 가진 것을 찾고 있고 그것이 필요하다했더니 순수한 마음으로 자기가 가지고 있던 모든 것을 주님께 드린 것이다. 여기서 다른 사람들도 조금씩은 갖고 있었으나 특히 어른들... 그러나 오직 이 어린아이만 주님이 필요하다 하니 자기가 가진 모든 것을 드린 것이다. 이로 인하여 주님은 그 때 장정만 해도 오천 명을 먹이시는 기적을 일으키신 것이다.

즉 우리 주님은 이 아이와 같이 즐거이 자신이 가지고 있는 모든 것을 주님께 드리는 자를 기뻐하셨다. 그리고 그 얼마 되지 않는 그것을 가지시고 하나님이신 주님은 그의 전능하신 힘으로 하늘을 우러러 축사하시고 장정만 하여도 오천 명을 먹이는 오병이어의 기적을 일으키신 것이다. 할렐루야.

우리가 주님께 최선을 다하여 드려지는 우리의 정력, 시간, 재물 그 모든 것이 주님께 드려지는 오병이어인 것이 깨달아졌다.

주님은 우리가 최선을 다해 드린 것을 늘 하늘을 우러러 축사하시고 많은 영혼들을 구원하시는데 쓰시는 것이다. 그 결과 우리가 드린 것은 얼마 되지 아니하지만 하나님나라 안에서는 오병이어와 같은 기적이 일어나는 것이다. 할렐루야.

누구에게? 정말 최선을 다하여 주님께 그 어린아이와 같이 자신이 가진 것 모두를 드리는 자에게 말이다.

주님은 말씀하신다.

[마 19:14] 예수께서 가라사대 어린 아이들을 용납하고 내게 오는 것을 금하지 말 라 천국이 이런 자의 것이니라 하시고

할렐루야. 주님을 온 마음을 다하여 찬양합니다!

Part II

나의 예수믿게 된 동기와 하나님의 부르심

다음은 나의 예수 믿게 된 동기와 하나님이 나를 어떻게 부르셨는지에 대하여 기록한 것이다. 읽는 모든 자들에게 하나님의 은혜가 함께 하기를...

[고전 15:10] 그러나 나의 나 된 것은 하나님의 은혜로 된 것이니 내게 주신 그의 은혜가 헛되지 아니하여 내가 모든 사도보다 더 많이 수고하였으나 내가 아니요 오직 나와 함께 하신 하나님의 은혜로라

의과 대학을
지원한 이유

나는 한국에서 최고 남쪽 아주 작은 도시 삼천포에서 태어났다. 당시 나의 아버지는 국가 공무원(교육청에 영선계장) 이셔서 이사를 자주 다녀야 했었고 나의 어린 시절은 주로 삼천포와 진주에서 보냈다. 즉 초등학교, 중학교, 고등학교를 삼천포와 진주에서 다녔다. 그리고 대학은 서울에 있는 이화여자대학교 의과 대학을 다니게 되었고 의예과 2년을 수석으로 졸업하고 또 의대 본과 4년을 마치면서 우수한 성적으로 졸업하면서 1986년에 의사 면허증을 취득하였다.

내가 의과대학을 지원한 이유는 내가 어렸을 때 초등학교 4학년 도덕시간에 시바이쩌 박사에 대한 이야기를 듣고서였다. 그는 박사학위가 두 개가 있는데도 불구하고 불쌍한 아프리카에 가서 의료봉사를 하며 불쌍한 사람을 도운 정말로 헌신적으로 일생을 마친 것에 대하여 깊이 감동을 받아 나도 그러한 사람이 되고자하여 의과대학을 지망한 것이다.

나는 정말 대학 생활동안 공부밖에 몰랐고 늘 반에서 1-2등을 차지하기 위하여 잠도 제대로 자지 못하고 공부만 했다. 사실 이화여자대학교 6년을 다니면서 그 유명한 이대축제 한번 참가하지 못했다. 시간이 아까워서였다. 그리고 그 당시 나는 두산 그룹, 즉 OB 맥주로 유명하였던 그 회사에서 한국 전역에 걸쳐 2명의 의대생에게 등록금전액면제 장학금을 줬는데 나는 그중의 한 명으로 졸업할 때까지 받는 우수 장학생이었다.

그런데 본과 3학년 때부터는 동대문에 있었던 이대 대학 병원에서 수업을 받는데 그 때부터는 하얀 가운을 입은 임상선생님들이 들어와 가르친 것이다. 그런데 수업시간에 들어와 가르치는 교수들마다 그 입에서 자신들도 모르게 돈, 돈, 돈…. 하는 것을 보고 실망이 오기 시작하였다.

그래서 나는 옆에 있는 친구들에게 물어보기 시작했다. 한 사람씩. 왜 그들이 의과대학을 지망하였는지? 그런데 내가 물어본 모든 학생들이 말하는 것은 그냥 부모님이 원해서였다. 거의가 다. 의대졸업하면 돈 많이 벌고 사회에서 존경받는 직업이라 하여 지망하였다는 것이다.

아니 나처럼 도대체 한명도 죽어가는 생명이 불쌍하여 온 자는 아무도 없었다. 나는 그 때부터 정신이 차려지기 시작하였던 것이다. 아니 모두가 다 의과 대학을 오는 이유가 의사가 되어 불쌍한 병자를 구하려고 온 것이 아니라 돈 많이 벌고 사회에서 존경받는다하니 왔다는 것이다. 그래서 나는 내가 의사가 되는 것에 대하여 실망하기 시작하였던 것이다.

거기다가 더더욱 임상교수들이 교실에 들어와서 가르치는 것은 나를 더 절망하게 만들었던 것이다. 즉 응급처치를 가르치는 교수가 들어와서 가르치기를 응급실에 찾아 온 환자가 한 밤중에 교통사고를 당하여 들어 왔을 때에 사고로 인하여 뱃속에 핏줄이 터졌던지 안 터졌던지 상관없이 그들이 가다가 죽든지 말든지 상관없이 그들이 응급상황에서 써야 하는 기계 등등 그 의료비를 댈 수가 없는 입장이면 그렇게 판단이 되면 돌려 보내라는 것이었다.

그 당시에 우리나라에는 아직 의료보험이라는 제도가 없어서 응급 사고시 필요한 컴퓨터 촬영은 의료비가 많이 비쌌다. 그러나 죽어가더라도 돈 없으면 치료 없이 돌려보내야 한다는 것을 공공연히 가르치는 것을 보고서는 나는 그만 의사가 되는 것에 만 정이 떨어져 버렸다. 그래서 나는 졸업하고 의사가 되기보다는 오히려 유명한 과학자가 되기로 결심했던 것이다. 그러면 누군가 나에게 졸업하고 시바이쩌 박사처럼 아프리카로 가지 왜 안 갔느냐 라고 물을 수 있다. 그러나 그때 내 나이 이제

22살, 엄하고 엄한 나의 육신의 아버지가 시퍼렇게 두 눈 뜨고 살아 계신데 처녀인 나를 홀로 아프리카로 보내줄리는 만무하다는 판단이 섰기 때문이다.

그래서 나는 평생 환자를 보는 의사라는 직업보다 오히려 과학자로서 인류건강에 이바지할 것을 결심하고 이대의과대학을 졸업한후에 서울대학교 의대 대학원에 생리학전공으로 석사과정에 입학하였던 것이다. 3년 후에 석사를 받고 그 다음해에 동일학과 박사과정에 입학하였으나 내 마음에 차지를 않았다. 그래서 이름 있는 과학자가 되려면 미국을 가야한다는 생각으로 영어를 공부하여 토플과 GRE를 시험을 쳐서 미국에 있는 브라운대 (Brown University) 의대 박사과정에 입학한 것이다. 그리고 열심히 공부하고 연구하여 1990년 7월에 미국에 건너와서 3년 만에 생리학 (Physiology) 박사학위를 취득하였던 것이다.

그리고 정말 열심히 하여 3년 만에 동부에서 박사학위를 마친 후, UCLA (University of California Los Angeles)에서 4년간 인체생리에 대한 연구를 하여 (1993~1997) 30년간 우수 이론으로 내려오던 이론을 깨는 논문을 내게 되었다.

이 연구는 세포 수준에서 우리 인체가 어떤 기전으로 신호를 받아 머리까지 가며 또한 머리에서 판단되어진 신호가 어떻게 말초에 있는 세포에 전달되어지는지에 대하여 그 기전을 밝히는 분자 생물학적인 연구였다. 이 연구 결과 나의 이름은 아마도 지금부터 약 50년 내지 100년은 다른 사람들의 논문에 인용이 되는 중요한 논문이 된 것이다. 그리고 내 논문의 결과가 대학원 교재에 오르게 되었다 (박사논문에 실린 세 개의 논문은 Biophysical Jounal에, UCLA에서 연구한 결과는 Neuron이라는 잡지에 실렸다)

이렇게 나의 인생은 오직 학문을 위하여 그리고 나의 명예를 위해 살았다. 내 삶의 목표는 오직 유명한 과학자가 되는 것이었다. 지금 생각하면 나는 정말 헛된 것을 좇고 있었다. 내가 미국 올 때는 1990년도였는데 내 심중의 목표는 노벨 의학상을 받는 것이었다. 그러다가 그 상을 받을 확률이 매우 낮음을 인식하였다. 왜냐하면 아무리 잘 해도 나라를 고려하여 국력을 따져서 노벨상이 정하여지는 것을 보고 그 당시 우리나라는 일본이나 미국에 비하여 많이 유약한 나라였다. 그래서 평생 열심히 하면 노벨상 받을 수도 있겠지만 그러나 나는 나의 목표를 낮추어 교과서에 내 이름이 오르는 것으로 인생의 목표를 바꾸었고 그리고는 급기야 이 목표를 달성하게 된 것이다. 왜냐하면 UCLA에서 한 연구결과가 30년간 유력하였던 세포의 이론적 원리를 깨 버렸기 때문이다.

예수 믿게 된 동기

그런데 나는 한국에 있을 때에는 전혀 예수님을 몰랐다. 다른 사람이 나에게 예수님 얘기만 하면 헛소리 하지 말라고 하면서 그들을 비방했다. Missin School인 이화대학을 다니고 했지만 채플시간에는 고개를 빳빳이 들고 눈을 뜨고 기도했다. 아니 기도하는 것이 아니라 그냥 앉아서 시간만 때웠던 것이다. 참석 안 하면 훈련점수가 안 나와 졸업을 안 시키니까 말이다.

가끔 방학 때 진주에 있는 집에 내려가면, 언니가 너 예수 안 믿으면 지옥 간다는 말을 했을 때 나는 언니에게 험한 소리까지 했다. 언니는 그 때 마산 경남대학교 수학과에 다니고 있었고 입학할 때부터 대학생 선교회 CCC에 가입하여 예수를 자신의 구세주로 영접하고 믿음이 있었던 것이다.

그리하여 하나님을 모르고 늘 공부만하는 동생의 구원을 위하여 내가 의과대학 다니는 동안 6개월마다 집에 내려오기만

하면 그 때를 기회로 삼아 늘 나에게 예수를 믿어야 천국 간다고 하면서 나와 의가 갈라질 정도로 나를 화나게 하였던 것이다. 그런데 나는 왜 그때 예수를 도대체 믿을 수 없었냐면 그것은 의과대학에 다니는 나로서는 예수님이 동정녀에게서 태어났다는 것을 도저히 믿을 수가 없었기 때문이다. 아이가 태어나는데 아빠 없이 처녀에게서 그냥 생겨났다는 것이 나에게는 도저히 이해가 되지 아니하였던 것이다.

그래서 다른 내용은 들어보지도 않고 다 거부하여 버렸던 것이다.

그러나 고속버스를 타고 서울로 돌아오는 길에는 나는 항상 예수가 도대체 무엇일까? 예수가 도대체 누구인데 우리 언니가 내 앞에서 훌쩍훌쩍 울기까지 하면서 사정을 하는지 도저히 알 수가 없었던 것이다. 그러나 한쪽의 생각으로는 혹이라도 하나님이 진짜 계신다면 이렇게 거부하는 나를 벌하실 것이야 하는 생각이 스쳐 지나가곤 했다.

그러다가 나는 미국에 있는 Brown University (로드아일랜드 주에 있는 Providence 라는 작은 도시에 위치한 아이비리그에 속한 학교) 로 오게 되었는데 (이 학교를 선택한 이유는 1년에 3만 불씩 장학금을 준다하여 다른 학교들을 다 제쳐두고 이 학교로 오게 됨), 처음 기숙사에 도착하였을때 기숙사에서 제공하는 서양음식이 버터에 양념 없이 구운 스테이크에 빵에 도저히 한국음식만 먹던 나는 그 구역질 날 것 같은 서양음식이 도저히 입이 맞지를 않아 거의 굶다시피 했다. 식당에도 도저히 못 들어가는 것이었다. 냄새를 맡기 싫어했다.

그러는 중에 체중이 약 2주 만에 4kg 약 8파운드 정도가 빠지고 있었다. (당시 100파운드에서 92 파운드로 내려갔음). 그 도시는 참으로 이상하게도 한국 마켓도 없고 한국 음식점을 찾아볼 수 없는 지역이었다. 그래서 내가 겨우 먹을 수 있는 것이라고 발견한 것이 4개에 1불하는 일본 라면이었다. 나는 매 끼니마다 그 라면에 타바스코 매운 소스를 쳐 먹는 것이 내가 유일하게 먹는 음식이었다. 밥도 김치도 된장도 고추장도 구경도 할 수 없는 그곳에서 약 2주가 지났다.

그러던 중에 같은 대학교에 미생물학 전공의 한 여자 대학원생이 일요일 오전 기숙사에 있는 내 방문을 노크하는 것이었다. 그 자매가 나에게 하는 말이 일요일에 한국인들이 모이는 교회가 있는데 거기가면 한국 음식도 뷔페로 먹을 수 있고 또한 한국 사람들을 만나 한국말도 실컷 이야기할 수 있는데 같이 가지 않겠느냐는 것이었다.

교회 간다는 것은 싫었는데 그러나 그렇게 먹고 싶던 한국음식을 먹을 수 있다는 것이 내 마음을 사로잡았던 것이다. 그래서 나는 그녀를 따라 나섰다. 나의 관심은 일요일마다 오직 한국 음식을 먹고 싶다는 일념만 갖고 있었던 것이다. 한 시간 정도 목사님의 설교를 듣고 나면 그 설교 듣는 것은 싫지만 나쁜 소리는 안 하니까 그냥 듣고 그렇게 한 시간만 참고 앉아 있으면 그렇게 먹고 싶은 한국 음식이 나오니까 즉 밥에다가 김치 등등 그리고 갖가지 반찬들, 나는 그 한국 음식에 혹하여 그 자매를 따라 나섰지만 그러나 내 마음의 한쪽 구석에서는 우리 언니가 그렇게 이야기하던 교회인데 한번 가 볼까 하는 마음도 적지 않게 있었던 것이다. 그렇게 믿음이 없이 8주 정도 나갔는데 나간 이유는 오직 한국 음식을 먹을 수 있었다는 것과 한국말로 실컷 이야기하다가 오는 것 그래서 일주일에 한 번씩 스트레스 해소 겸 가는 곳이 교회였다.

그런데 8주째 되는 주일 날이었다. 목사님의 설교중의 한 말씀이 나에게 부딪쳐 들어오면서 나는 순간적으로 하나님이 정말 계시는 것이 깨달아지기 시작하면서 나는 하염없이 울기 시작하였던 것이다. 나에게 이 깨달음은 순식간에 일어났는데 나는 하나님은 이렇게 살아 계신데 나는 왜 여태껏 하나님을 부인하고 살아왔는가에 대한 후회가 한없이 밀려오는 것이었다.

순간 아무도 나에게 가르쳐 준 자가 없는데도 나는 그 순간 인간이 지을 수 있는 가장 큰 죄가 하나님은 계시는데 안 계신다고 하는 것이라는 것을 알았던 것이다. 그리고 그 순간에 믿음이 차례로 들어왔는데 하나님이 계신 것이 깨달아지니까 하나님의 천지창조가 갑자기 믿어졌고 , 또 성경을 한 번도 읽은 적이 없으나 성경에 쓰여 있는 모든 것이 다 믿어지는 것이었다.

그러면서 하나님이 천지를 창조하셨고 우리 인간까지 창조하였다면 왜 하나님은 예수님을 동정녀인 마리아에게서 태어나게 할 수 없었겠는가 하는 것이 차례로 믿음으로 들어오는 것이었다. 할렐루야. 나는 그 순간 이 모든 것을 믿음으로 받아들일 수 있었다. 아니 내가 앉아 있는 그 자리에 매주 음식에 관심 두던 저에게 주님이 나에게 찾아오신 것이다.

그리고 이제까지 나에게는 하나님이 안 계신다고 생각하여 왔던 나에게 하나님이 계신 것이 깨달아진 것은 나의 인식세계를 완전히 바꾸신 기적이라고 밖에 할 수 없는 것이었다.
내 인생에 정말 기적과 같은 일이 일어난 것이다.

그 날 나는 기숙사로 돌아와서 먼저 한국에 있는 언니에게 전화를 했다. 내가 정확히 미국에 온 지 약 2달 반 만에 예수를 믿게 된 것이다. 할렐루야. 나는 울면서 언니에게 말했다.
언니 나 이제 예수 믿어! 그렇게 나에게 애써서 복음을 전하려 했던 언니가 국제전화로 이 반가운 소식을 접하니 어찌할 줄을 몰라 했다. 나도 울면서 전화를 했고 언니는 너무 기뻐서 울었다. 그리고 언니는 동생을 찾아와 주신 하나님을 찬양했다. 그리고 나는 그 때 느낀 것인데 나를 위하여 6년 동안 기도해

온 언니가 사실상 나를 육체적으로 낳아준 부모님보다 더 감사하다는 생각을 했다 (만일 내 어머니가 이 말을 들으시면 약간 서운하실 것이다). 그러나 그래도 괜찮다. 정말 내가 예수 믿게된 것은 순전히 언니의 기도덕분이라는 것을 알게 되었다.

그 이후 나는 예수님을 눈물로써 나의 구세주로 영접하였다. 그리고 나는 괜히 잘 울었다. 그냥 하나님 이야기만 나오면 울었다. 교회가면 사람들이 나에게 물었다. 하도 잘 우니까 무슨 일이 있냐고? 그게 아닌데. 그냥 나는 울고 또 울었다. 눈물이 흐르는 것을 어쩔 수가 없었다. 그것은 내가 그렇게 거부하여 오던 하나님의 존재에 대하여 하염없이 흐르는 회개의 눈물이었고 또한 동시에 나같은 자를 찾아 오셔서 그분의 존재를 알게 하신 한없는 감사의 눈물이었다. 약 3년 동안 그렇게 많이 울었던 기억이 난다.

03

예수 믿고 나서
피상적인
신앙생활 6년

   그러나 그럼에도 불구하고 눈물로 콧물로 하나님의 존재는 믿게 되었고 또한 예수님을 나의 구세주로 영접하였음에도 불구하고 나의 옛 습관들과 나의 삶의 목표는 여전히 변하지 않았다. 즉 삶에서 변화된 모습이라고는 단지 목표가 조금 바뀌어 졌을 뿐이었다. 하나님이 안 계시다 에서 계시다로 바뀌어졌다는 것 그러나 여전히 나의 삶의 목표는 여전히 이 세상에서 유명한 과학자가 되리라 하는 것에는 변하지 않았다는 사실이다. 그래서 막연히 하나님의 영광을 위하여 살아야 한다는 것은 알겠는데 어떻게 살아야 할지를 잘 모르고 단지 유명한 과학자가 되어 주님께 영광돌리겠다는 것, 그런 식이었다. 즉 그리스도인이 아닌 사람들에게 그리스도인들도 이렇게 훌륭한 과학자가 있다는 것을 보여 주는 그 자체가 하나님께 영광을 돌리는 것이라고 생각하는 그 정도였던 것이다.

이렇게 나는 하나님의 은혜로 구원은 받았으나 정말 하나님의 자녀다운 그리고 정말로 하나님을 목표로 살아가는 그러한 삶을 아직은 살고 있지 못하는 존재였다. 즉 하나님이 계신 것은 깨달아졌지만 나의 피상적인 신앙생활, 나의 삶의 목표는 여전히 내 명예를 좇아가는 그러한 삶을 약 6년간 살았던 것이다.

그럼에도 불구하고 나는 십일조 생활과 주일성수는 꼭 지켰다. 왜냐하면 왜 해야 하는지도 잘 몰랐으나 한국에 있는 나의 언니가 이 두 가지는 꼭 지켜야 한다고 해서다. 안 하면 죽는다고 했다. 그 언니는 나를 위하여 6년간 기도를 해서 내가 구원을 받았으므로 나는 그 언니의 말이면 꼭 들어야 했다. 이 두 가지 기본적인 신앙생활이 나에게 많은 복을 가져다 주었다. 모르고 했지만 말이다. 하나님은 이 두 가지를 지키는 것을 너무 기뻐하셨다.

그러나 이렇게 피상적인 신앙생활을 6년간 해오던 어느 날 나에게는 하나님의 음성을 듣는 귀한 계기가 있게 되었다.

하나님의
음성을 듣다

나는 교회에서 행하여지는 3일간의 수련회에 참가하였다. 그
것은 빅베어에서 일어났는데 이 일은 그 수련회 동안 한 형제의
간증을 듣다가 일어나기 시작하였던 것이다. 그 형제는 약 3개
월만 있으면 UCLA에서 경제학 박사학위를 받을 사람이었다.
평상시에 다른 사람들로부터 전하여 듣기를 그가 박사학위를
마치면 선교를 떠날 것이라는 말을 듣고 나는 이렇게 말했다.

"그 형제 미쳤구나. 박사학위를 받은 후에 선교를 떠나다니
박사학위가 아깝다."라고 말했던 나였다. 그런데 그 형제가 올
라와서 간증을 하는 것이었다. 내 눈이 동그래졌다. 아니 저 형
제가 박사학위 마치면 선교 나간다는 그 형제 아니야? 하면서
귀를 쫑긋 듣고 있었다.

그 형제는 대학생 대학원생들만 약 140명이 모이는 성경공부
그룹에서 그가 봉사하는 일은 모임이 있기 전에 있은 후에 걸

상을 펴고 접는 일을 맡은 형제였다. 아니 사실 나도 그 성경공부 그룹에 속하여 있었다. 그런데 평상시에 둘이서 그 일을 맡아서 하다가 한 형제가 아파서 안 나오는 바람에 자신이 혼자서 그 일을 감당을 하다 보니 이전에는 30분이면 끝날 일인데 이제는 1시간씩 걸리는 것을 보고 약간 짜증이 나더라는 것이다. 그리고 자신의 마음에 어떤 생각이 드냐면 아니 내가 3개월만 있으면 박사학위를 받을 사람인데 이런 청소부 같은 일을 하고 있다니 하면서 그러한 생각이 자신을 스쳐 지나갔다고 말하고 있는 그 순간이었다.

그 형제가 간증하는 그 자리에는 청중이 약 100명인데 각각 6명 정도로 한 테이블에 앉아서 그 간증을 듣고 있었다. 나도 그중에 앉아 있었는데 갑자기 성령님께서 나에게 깨우쳐 주시는 깊은 감동이 있었던 것이다. 아니, 그래 맞아. 하나님을 섬기는데 왜 꼭 박사학위가 필요하지? 하는 생각이 들려온 것이다. 그런데 나는 이 박사학위를 위하여 그것도 미국에서 얼마나 공부만 하면서 그 험한 세월을 달려왔는지.....

갑자기 너무 허무하고 허황하다는 생각이 들면서 울기 시작하였다. 그 때 내 나이 35세였다. 아니 하나님께서 원하시는 삶이 이것이 아닌 것 같은데 하면서 눈에는 눈물 코에는 콧물 눈물이 하염없이 내 눈에서 흘러내리기 시작한 것이다.

내가 지금까지 달려온 인생이 도대체 무엇을 위하여 달려왔는지를 모르겠던 것이다. 나는 어디에 가서 정말 실컷 통곡이라도 하고 울고 싶었다. 그래서 나는 그 자리에 앉아 있을 수가 없어서 자리에서 일어나 내가 묵고 있는 숙소 즉 방으로 들어와 방문을 걸어 잠그고 혼자서 짐승처럼 울기 시작하였다. 화장이 지워지든 말든 신경쓰지 않고 그렇게 소리를 지르며 비명을 지르면서 나의 온 전 존재를 걸어놓고 울어 본 적이 없을 정도로 나는 짐승처럼 울기 시작하였던 것이다. 내가 도대체 무엇을 위하여 지금까지 이렇게 달려왔는지에 대한 회의와 한이 밀려오면서 말이다. 내 인생은 이대 축제 한번 참가하지 못하고 휴가 한번 제대로 가지 못하고 취미생활 한번 제대로 가져보지 못하고 오직 공부 공부 학위 학위 최고 최고 명예 명예 하면서 내 인생을 지금까지 달려왔던 것이다. 그런데 그렇게 짐승처럼 울고 있는데.....

그 때 갑자기 하나님의 음성이 들려오는 것이었다 (이 음성은 내 안에서 났는지 내 바깥에서 났는지 잘 모르지만 그러나 너무나 분명하게 들리는 하나님의 음성이었던 것이다).

"상아야! 너는 죽으면 천국 온단다."

"네 하나님 알고 있어요 저는 예수님을 나의 구세주로 믿기 때문에 천국에 갈 것입니다." 라고 대답을 했다.

하나님께서는 그 다음부터는 영어로 나에게 말씀하시기 시작하셨던 것이다. "If you come to heaven I will ask you only one question." (네가 천국 오면 내가 너에게 오직 한 질문만 할 것이다.) 그래서 나는 대답하기를....

"What?" 그것이 무엇인데요? 라고 말했다.

그랬더니 하나님의 음성이 분명히 들렸다. 다시 영어로 말씀하시는 것이었다.

"What did you for me in this life? (네가 이 세상에 살면서 나를 위하여 무엇을 하다가 올라왔느냐?) 라고 물으시겠다는 것이다.

그 때에 나는 그 순간 그러한 하나님의 질문에 급하게 대답을 생각해내야만 했다. 왜냐하면 이것은 순간적으로 강하게 일어나는 창조주 하나님과 피조물 인간 사이에 일어나는 대화였기 때문이다. 그의 전능하신 힘 앞에 인간은 거부할 수 없는 것이다.

"주님 저는 공부밖에 할 줄 아는 것이 없습니다. 그외 할 줄 아는 것은 운전하는 것인데 운전수도 할 수 없는 것이 지리를 잘 모릅니다. 그리고서 생각 난 것이 아마도 제가 앞으로 살면 30~40년을 더 살텐데 실험실에서 열심히 실험하여 아마도 약 100개의 논문을 쓸 수가 있을 것입니다." 라고 대답을 생각하여 내는 것이다. 그런데 내가 그런 생각을 하는 순간에 나는 하나님 앞에 논문 100개를 들고 서 있는 내 모습을 보게 된 것이다. 나는 분명 거룩하신 분 앞에 서 있었고 그분의 상체는 보이지 않았으나 그분의 아래쪽에 흰 옷자락들이 보였다.

그리고 나는 그분 앞에 논문 100개를 두 손으로 들고 서서는 "하나님 저는 하나님을 위하여 이렇게 논문 100개를 쓰다가 올라 왔습니다."라고 말하려고 하는 순간 나는 내가 정말 온 힘을 다하여 쓴 그 논문들이 하나님 앞에서 왜 그렇게 가치가 없어 보이는지……

그 논문들은 내가 일평생 노력하여 쓴 것들인데 하나님 앞에서는 그것들의 가치가 그냥 휴지 조각에 불과하다는 것을 깨닫는 순간이었다. 왜냐하면 이 세상은 모두가 다 하나님이 창조하셨는데 인간들이 쓰는 논문들이란 그분이 창조하여 놓으신 것을 조금 그 기전을 밝혀내고서는 잘했다고 발표하는 그런 것들이었기 때문에 당연히 창조주 하나님 앞에서는 그것들의 가치는 리싸이클링 하는 신문지 조각보다도 더 가치가 없는 그런 것들이었던 것이다.

나는 그 논문들이 하나님 앞에서 너무 가치가 없다는 것이 느껴져서 나는 즉시 하나님이 이것을 원하지 아니한다는 것을 알고 엉엉 더 울기 시작하였던 것이다. 아아 이것은 하나님이 나에게 원하시는 것이 아니야 하면서 더 울고 있었다. 그러는 순간 또 하나님께서는 내가 한 번도 해 본 적이 없는 또 다른 생각을 나에게 집어넣어 주시는 것이었다. 그것은 앞으로 남은 내 인생이 40년이라면 (죽을 병에 안 걸리고 교통사고로 죽지만 않는다면 말이다) 그것은 짧은 시간도 아니며 하나님을 위하여 쓴다면 그 시간은 긴 시간임을 알게 하여 주셨다.

그 생각은 이러한 것이었다. 즉 나에게 남아 있는 그 40년이라는 시간을 논문 쓴다고 실험실에서 보낼 것이 아니라 그 시간과 나의 공부하는 그 정력으로 어디 다른 불쌍한 나라에 가서 영혼을 구원하는 일에 그 시간과 정력을 쓴다면 약 3~4만 명이라도(그 순간 영혼을 담는 바구니가 내 눈에 환상으로 보였는데) 그 바구니에 주워 담아 올라 갈 수가 있을텐데......하는 생각이 갑자기 내 머릿속에 떠올랐던 것이다. 나는 그 순간 다시 하나님 앞에 선 나를 보았다. 한 손 (왼손) 에는 논문 100개를 들고 또 다른 한 손 (오른 손) 에는 수많은 영혼을 담은 바구니를 들고 서 있는 것이었다.

나는 그 순간 알았다. 하나님이 나에게 원하시는 것은 논문 쓰는 인생이 아니라 영혼을 구원하는 인생을 원하신다는 것을......
그리고 그것이 깨달아지자 나는 또 울기 시작하였다. 얼마나 많이 울었는지. 나는 이러한 일들이 순간적으로 나에게 일어나면서 나는 또한 정신이 바짝 들기 시작하였던 것이다. 그 순간 나는 하나님께서 나를 쓰시기 위하여 지금 바꾸고 계심을 알았다. 그래서 그 다음부터는 내가 이제부터 하나님을 위하여 산다면 내가 그를 위하여 드릴 수 있는 것이 무엇인지 그리고 그

를 위하여 이제 살기 원한다면 버려야 할 것이 무엇인지를 순간
적으로 따져보기 시작하였다. 내가 주를 위하여 드릴 수 있는
것은 우리 아버지가 죽으실 때에 내게 유산으로 조금 남겨 주신
돈, 나는 그것을 영혼구원을 위하여 써야 하는 것이 명확하여
졌고 그리고 내가 버려야 할 것은 세상 명예에 대한 나의 욕심
이라는 것을 알았다.

나는 또 더 울기 시작하였다. 왜냐하면 지금까지 공부하느라
보낸 세월이 아까워서 또 울었다. 아니 하나님이 나를 돌려서
쓰시려면 내가 20살 때 돌려서 쓰시지 왜 그 험한 공부를 지금
까지 시키고서 쓰시려고 하는지 그 세월이 아까워 또 울기 시작
하였던 것이다.

그렇게 실컷 울고 나니까 약 2시간 정도 울었던 것 같았다.
그리고 나서 나는 방문을 열었는데 바깥의 공기가 지금까지 제
가 맡아오던 세상의 공기가 아니었다. 나에게는 공기 맛도 변
하고 산에 있는 모든 나무들이 나를 향하여 노래를 부르고 있었
다. 또한 모든 인간들이(흑인 멕시칸 백인 황인) 다 차이가 없
이 똑같이 하나님 앞에 귀한 영혼이라는 것이 깨달아졌다. 즉
내가 울음을 멈추었을 때에는 나는 완전히 다른 사람이 되어 있
었다. 아니 나는 다시 태어난 것 같았다. 아니 실제로 다시 태
어났던 것이다. 완전히 다른 사람으로. 나는 더 이상 이전의 명
예를 추구하고 살던 내가 아니었고 이제는 내 삶의 목적이 하나
님으로 완전히 뒤바뀐 다른 사람이었던 것이다. 하나님께서 나

에게 원하시는 삶이 어떠한 삶인가를 알았기 때문에 나는 그 이후부터 완전히 다른 사람이 되고 말았다.

이전에는 실험을 해도 내 이름을 날리기 위해서 하였었는데 그러나 나는 그 수련회를 마치고 실험실에 돌아왔을 때에는 학교에서 실험하는 이유가 하나님을 위하여 살기 위한 단지 직업 수단으로 변하고 만 것이다. 할렐루야.

[빌 3:4-9] (4)그러나 나도 육체를 신뢰할만하니 만일 누구든지 다른 이가 육체를 신뢰할 것이 있는 줄로 생각하면 나는 더욱 그러하리니 (5)내가 팔일만에 할례를 받고 이스라엘의 족속이요 베냐민의 지파요 히브리인 중의 히브리인이요 율법으로는 바리새인이요 (6)열심으로는 교회를 핍박하고 율법의 의로는 흠이 없는 자로라 (7)그러나 무엇이든지 내게 유익하던 것을 내가 그리스도를 위하여 다 해로 여길뿐더러 (8)또한 모든 것을 해로 여김은 내 주 그리스도 예수를 아는 지식이 가장 고상함을 인함이라 내가 그를 위하여 모든 것을 잃어버리고 배설물로 여김은 그리스도를 얻고 (9)그 안에서 발견되려 함이니 내가 가진 의는 율법에서 난 것이 아니요 오직 그리스도를 믿음으로 말미암은 것이니 곧 믿음으로 하나님께로서 난 의라

05

영혼을
낚는 낚시꾼이 되다

그때부터 나는 UCLA에 다니는 한국 학생들에게 복음을 전하는 영혼을 낚는 낚시꾼이 되었다. 그 이전에는 그렇게 재미있던 논문이 이제는 3시간을 바라보고 앉아 있어도 한 단락을 읽어 내려가지를 못했다. 왜냐하면 하나님은 이제 논문은 아무런 가치가 없다는 것을 나에게 가르쳐 주셨기 때문이다. 이전에는 책상위에 논문 100개 정도씩을 쌓아놓고 읽었는데 즉 3~5분 만에 한 논문을 훑고 지나가곤 했었는데 이제는 아무런 가치를 못 느껴서 한 페이지도 하루를 붙잡고 있어도 그냥 멍하니 바라만 보고 있는 내가 되어 버렸다. 이제는 논문에 재미도 가치도 없어진 것이다.

하나님은 나의 삶의 목적을 완전히 바꾸어 버리셨다.
그리하여 내 삶은 하나님을 위하여 급변하기 시작했다. 나 자신을 위해 살던 삶에서 이제는 오로지 하나님을 위한 남을 위한 삶이 되어 버린 것이다. 할렐루야.

나는 날마다 실험하거나 논문 쓰는 일보다는 이제는 UCLA
에 있는 한국 학생들을 전도하는 일에 힘을 쓰게 되었다.

약 두 달 동안 실험에 흥미를 잃고서 실험실에서 멍하니 앉
아 있다가 점심때만 되면 나가서 잔디밭에서 점심을 먹고 있는
한국 학생들에게 전도폭발 내용을 가지고 한 시간씩 복음을 전
파하고 결신시키는 일을 하기 시작한 것이다. 그리고 학교에서
집으로 돌아오면 나는 차를 몰고 코리아타운으로 나가서 실컷
전도하다가 돌아오는 삶을 약 두 달간 계속 하였다.

직장에서
해고되다

　그리하였더니 어느 날 아침에 실험실의 보스 즉 교수가 나를 불렀다. 그리고 말하는 것이 Postdoc을 그만두라는 것이다. 왜 냐하면 실험은 안 하고 정신이 딴 데 팔려있고 실험에 흥미를 잃은 것이 보이고 토요일마다 나와서 실험실에서 무릎을 꿇고 기도하는 나를 보았으며 전도에만 관심이 있지 결코 실험실에서 쓸 만한 인간이 더 이상 아니라고 판단하였기 때문이다.

　그래서 나는 말했다. 당신도 예수 믿어야 천국을 간다고 .... 물론 영어로 말했다.
　교수의 얼굴이 갑자기 붉게 변했다. 화가 난 것 같았다. 나는 이런 날이 올 줄은 알았으나 너무 빨리 왔다고 생각했다. 그리고 그렇게 나는 UCLA에서 전도하다가 해고를 당했다. 그러나 나는 그래도 먹고 살아야 하는 직업이 있어야 하기에 나는 USC에 다시 Postdoc을 신청하였다. USC에서는 워낙 내가 실험을 잘하여 낸 논문들이 있기에 나를 써볼만하다고 생각하였던 모양이다. 즉각 응답이 왔다. 오는 9월부터 즉 2달 후부터 출근하라는 것이다. 그 두 달 동안 나는 모든 짐을 싸가지고 storage에 넣고 기도원으로 올라갔다. 왜냐하면 이제는 돈이 하나도 없었기 때문이다.

한 달 전에는 저축하여 놓은 돈을 아프리카 선교비로 보냈고 (이것은 전에 내가 빅베어에서 하나님의 음성을 들을 때에 네 통장에 있는 돈이 네 돈이 아니라는 것을 가르쳐 주셔서 일 년 동안 시집갈 때 쓸려고 머뭇거리면서 남겨둔 돈이었다. 그런데 계속 주님이 보내라 보내라 하셔서 일 년 후 겨우 보낸 것이었다) 이제는 Postdoc하여 한 달 한 달 벌어서 신학교도 가고 신학교도 겨우 한 학기 한 과목을 듣고 있었다. 한 과목 듣는데 1000불이니 더 이상 내 능력으로는 더 이상 들을 수가 없었다. 그리고 렌트비 내고 겨우 먹고 살고 있었는데 갑자기 해고를 당해 버린 것이다.

그런데 참으로 이상했다. 내가 UCLA 보스로부터 해고당하기 이틀 전에 집에서 기도하는데 하나님의 음성이 들리면서 내가 너를 손가락 까딱하는 것까지 다 쓸 것이라 하셨을 때에 나는 주님께 피식 웃으면서 반문하였다. 주님 저는 제가 손가락 쓰는 것이 실험실에서 실험하는데 쓰고 있는데 어떻게 제가 제 손가락 까딱하는 것까지 다 쓰시겠다고 하십니까? 하고 반문하였다. 그런데 정확히 이틀 후에 해고를 당한 것이다. 나는 그

때까지도 주님의 뜻을 완전히 파악하지 못하고 있었다.

너희는 오직 그의 나라와 그의 의를 구하라 그리하면 이 모든 것을 더하여 주시리라는 말씀을 알지 못하는 상태였다. 나는 사실 그런 말씀이 성경에 있는지도 몰랐다.

그래서 어쨌든 먹고 살아야 하겠다고 생각하니 다시 USC에 Postdoc으로 신청을 한 것이다. 그런데 내 마음은 참으로 불편하였다. 내 마음은 나도 어쩔 수가 없는데 전도를 하고 싶어서 영혼을 구원하고 싶은 마음을 나도 어찌할 수가 없었다. 내 가슴속에는 꼭 곧 폭발할 것 같은 영혼들에 대한 다이너마이트가 들어있는 것 같았다.......

그리고 내가 USC에 들어가면 실험하기보다는 전도하다가 다시 쫓겨날 것 같았다.

나는 하나님 앞에 금식으로 기도하기 시작하였다. 과연 내가 다시 세상으로 나가서 실험실에서 실험하며 논문을 내면서 그렇게 살아야하는지 아니면 아무것도 없는 나에게 그냥 모든 것을 하나님께 맡기고 영혼을 구원하는 이 전도의 길을 가야 하는지...........

나는 사실 이 때 세상을 등져야 하는 identity crisis 를 경험하였다.

과연 내가 누구인가부터 시작하여........

아니 나는 예수를 믿으면 잘 될 줄 알았는데 그리고 누구보다도 이렇게 열심히 전도하였는데 해고당하고 돈 한 푼 없는 내 꼴은 이제 거지와 다를 바가 없었다. 그래서 기도원에서 먹고 자고 해야 하는…….. 그리고 한국에 있는 내 가족 어머니와 여동생 남동생 등은 언니가 이 세상에서 가장 잘난 언니 누나 딸이라도 생각하고 있는데 갑자기 모든 것을 그만두고 기도원에 가서 먹고 자고 하는 실직자가 되다니…..

나는 내가 보아도 갑자기 하루 아침에 돈 한 푼 없는 거지가 되고 만 것이다. 그렇다고 박사학위가 있다고 하여 그렇게 학문 쪽으로 나가는 것이 아니라 하나님이 아예 그렇게도 못하게 나를 만들어 놓아 버렸다. 모든 과학에 대한 흥미를 다 거두어 가시고 세상에서는 이제 아무 것도 못하는 내가 되어 버린 것이다. 그리할 때 나에게는 나는 과연 누구인가 하는 identity crisis 가 왔다. 거기다가 이제는 세상에 나가 세상의 일을 하지 못할 것 같은 두려움이 엄습하여 온 것이다. 두 달 후에는 USC에 가서 실험을 해야 하는데 못할 것 같았다. 전도하고 싶어서 6개월 이내에 분명히 쫓겨날 것 같았다. 그래서 나는 금식하기 시작하였다. 하나님의 뜻이 어디에 있는지…….

금식 6일째 어느 권사님 한 분이 '자매님 무슨 고민이 있어요?' 하고 나에게 말을 걸어 왔다. 네, 저는 이렇게 이렇게 해서 금식하고 있어요. 하나님의 뜻을 구하고 있어요. 라고 말했다. 그랬더니 그 권사님은 이렇게 나에게 조언을 하시는 것이었다.

그는 나에게 하나님이 보내신 사람이었다. 자매님, 두 길 중에 하나님의 길을 택하면 하나님이 자매님의 모든 인생을 책임지신다고.........

그것이 내가 기다리던 하나님의 음성이었다. 그렇다. 이제부터는 세상일은 그만두고 오직 하나님의 길을 가야 하는구나 하고 나는 금식을 마치고 USC에는 가지 않기로 마음을 먹고 편지를 썼다. 나는 더 이상 과학을 하지 않겠노라고 그리고 나는 진리를 성경과 하나님 안에서 찾겠노라고.... 이전에는 내가 하나님을 몰랐을 때에는 과학에서 진리가 있는 줄 알았는데 그것이 아니었다고.... 그래서 이제는 과학자의 길을 가지 않겠노라고.... 그리고 미안하다고 했다. 간다고 그래놓고 못가서....

그러고서는 나는 완전히 과학에는 손을 떼고 말았다.

주님은 내가 UCLA에서 해고당하기 이틀 전에 내가 너를 손가락 까딱하는 것까지 너를 쓸 것이라고 한 말씀이 이루어진 것이다. 할렐루야.

그 후에는 얼마나 마음이 자유한지 너무나 평안하였다. 세상과 하나님 갈림길에서 하나님을 선택하니 할렐루야 내 마음은 아무 것도 내게 없지만 날아 갈 것만 같이 가벼워진 것이다.

07

신학교 등록금이 마련되다

그리고 이제는 나에게 누군가가 내 신학교 후원금을 대어줄 후원자를 놓고 기도하기 시작하였다. 이제는 돈을 벌지 못하니 누군가 나를 후원하여 주어야 신학교를 다닐 수 있는 것이었다. 후원자를 주시기까지 6개월이고 1년이고 기도하겠다는 마음으로 날마다 밤마다 성전에서 부르짖었다. 그러나 세상은 만만치 않았다. 이전에 내가 선교 나가면 선교비를 후원하겠다는 레코드 회사 사장님에게 장장의 편지를 썼다. 제가 이렇게 이렇게 하여 이제는 과학자로서의 세상일을 접고 이제는 신학교를 가게 되었는데 신학교 등록금이 없어서 그러니 후원좀 하여달라고 했다. 그런데 답장이 오기를 지금 사업이 힘들어져서 힘들다고 했다. 또 나는 가능성이 있는 사람들 몇 사람들을 적어놓고 기도하기 시작하였다. 그런데 한분 한분의 이름을 놓고 기도속에서 주님께 물었다. 그런데 주님은 그 모두가 아니라 했다. 그러면 어떻게 해요? 라고 질문하니 주님은 걱정하지 마라! 네 신학교 등록금은 세상에 다 마련되어 있느니라. 라고 말씀을 주시는 것이었다. 아니 나는 주님께 반문했다. 아니 주님 그런 말은 누가 못해요? 그럼 다 세상에 마련되어 있지요 그렇지만 누군지는 알아야 할 것 아닙니까? 라고 말이다.

그런데 그 다음날 나는 신학교를 방문하였다. 왜냐하면 직장에서 전도하다가 해고를 당하여 이제는 직장으로 나왔던 비자는 해고당하는 날부터 끝나버렸고 그래서 학생비자로 바꾸어야 하기 때문에 신학교를 들러야 했다. 거기에 카운슬러가 다행히도 한국분이셨다. 나는 이러이러하여 비자를 바꾸어야 한다고 그때까지 있었던 모든 사정을 다 이야기하였다. 비자를 바꾸어야 하는 타당한 이유가 있어야 한다고 생각하였기 때문이다. 그랬더니 그분은 순조롭게 잘 도와 주셨다. 그러면서 나는 그 비자관계 일을 마치고 문을 열고 그 사무실을 나오려고 하는데 갑자기 그 카운슬러가 잠깐만요 하고 말을 거는 것이었다. 나는 나가려고 하는 문을 도로 닫고 네? 하니 그분이 이렇게 묻는 것이었다. 아니 그러면 이제 학교 등록금은 어떻게 마련하나요? 라고 묻는 것이었다. 나는 그 말에 다시 문을 열고 나오려고 문고리를 잡은 채 뒤를 돌아보면서 네 선생님 기도하여 주세요. 그래서 저는 지금 기도원에서 신학교 등록금 후원하여 줄 후원자를 놓고 6개월이고 1년이고 기도하려고요 기도하여 주세요! 하면서 문고리를 잡아당겨 나오려고 했다.

그런데 그 선생님은 잠깐만요 잠깐만 여기 들어와 보세요. 라고 말하는 것이었다.

그래서 다시 들어와 의자에 앉았다. 그분이 옆의 책상서랍을 하나 열더니 서류뭉치를 하나 꺼내면서 그러면 여기에 모든 사정을 다 쓰시고 이 장학금을 한번 신청하여 보세요. 이 장학금은 신학생 등록금을 작게는 50% 내지 많게는 80%를 면제하여 주는 것입니다. 라고 말하는 것이었다. 그런데 나는 그 장학금 신청서를 받아드는 순간 이것이 하나님의 응답인 것을 즉시 알았다. 아하 그래서 주님은 어젯밤에 나에게 네 장학금은 세상에 다 마련되어 있다. 라고 말씀하셨구나 하면서 나는 너무 기뻐하였다.

나는 나의 기도가 응답이 된 것을 알고 나는 너무나 기뻐서 그날 와서 장학금 신청서를 제단앞에 가져나와서 그것을 들고 잠을 안자고 밤새 주님을 찬양하였던 것이다.
얼마나 기뻤던지.... 그리고 얼마나 하나님을 밤새 찬양하였던지.... 할렐루야!

그런데 며칠 후에 그 장학금신청서를 다 써서 그 다음날 갔다 내었다. 그러고서는 나는 그것이 하나님이 나의 기도에 대한 응답인 것을 100% 확신하고 있었다. 그런데 한국 신학생들 선배들이 말한다. 그 장학금은 여태까지 한국학생은 받은 적이 없는 장학금이라고….

제 3제국 즉 아프리카같이 가난한 나라에서 와서 여기서 학교 졸업하고 목사 되어서 다시 자기 나라로 가서 목회하려고 하는 자들에게 주거나 선교지에 5년 이상 갔다 온 사람들에게 주는 장학금이라 한다. 그러므로 나는 받을 리가 없다는 것이다. 그런데 내안에서는 확신이 있었다. 반드시 받게 될 것이라는 ……….

그리고 진짜 몇 개월 후에 그 장학금이 나에게 50% 등록금을 면제하여 주는 것으로 나왔다. 얼마나 감사한지…. 나중에는 80% 까지 면제받게 되었다. 나는 그제야 깨달았다. 눈물이 났다. 내가 하나님의 길을 택하고 나니 하나님께서 정말 다 채워주신다는 것 말이다. 신학교 졸업하려면 학비만 30,000불이 필요한데 거의 다 채워주신 것이다. 내가 벌어서 이것을 마련하려고 한다하여도 불가능한 일이었다.

그런데 직장 안 다니고도 말씀 읽고 기도하고 전도하고 주님의 일만 했었는데 하나님은 다 채워주시는 것이었다. 먹고 자는 일은 기도원에서 하면 되었고….

[눅 12:29-31] (29)너희는 무엇을 먹을까 무엇을 마실까 하여 구하지 말며 근심하지도 말라 (30)이 모든 것은 세상 백성들이 구하는 것

이라 너희 아버지께서 이런 것이 너희에게 있어야 될 줄을 아시느니라 (31)오직 너희는 그의 나라를 구하라 그리하면 이런 것을 너희에게 더하시리라

하나님의
부르심

나는 신학을 할 생각이 전혀 없었다. 왜냐하면 지금까지 공부밖에 안 했는데 또 공부를 해야 한다고 생각하니 끔찍했다. 그래서 나는 주님이 나를 쓰시려고 한다는 것은 알았으나 사모하면 되었지 하고 생각하였다.

그런데 그렇게 빅베어에서 내가 처음으로 하나님의 음성을 듣고 내려 왔을때 나는 한 장로님이 영적지도자로 이끄시는 대학생 대학원생들이 같이 모여 성경공부하는 그룹에 속하여 있었다. 어느 한 날 그분이 성경구절을 읽으시는데 그 한 성경구절이 내 마음에 들어와서 안 떨어지는 것이었다.

그 구절은 살전 5:23 너희를 부르시는 이는 미쁘시나니 그가 또한 이루시리라 하는 말씀이 내게 들어와서 안 떨어지는 것이었다.

그 말씀에 내 심장이 막 뛰었다. 여태까지 내가 살면서 내 심장이 뛰는 소리를 들어본 적이 없는데 이 날은 내 심장소리를 들을 수 있었다. 나는 그 말씀을 받고서는 그 이후로 그 장로님이 무슨 말씀을 전하였는지 모른다.

그냥 나는 하나님이 나를 부르셨다는 그 말씀에 나는 넋을 잃고 있었다. 그리고 집으로 돌아와서 리빙룸에서 하나님 앞에 무릎을 꿇고 하나님 왜 이 말씀이 내게 들어와서 안 떨어집니까? 하고 물었다. 그리하였더니 하나님이 말씀하시기를 그 말씀을 가지고 기도원에 올라가라고 말씀하셨다. 그래서 나는 당장 짐을 싸서 기도원에 3일 금식하러 올라갔다. 기도실에서 부르짖었다. 내 입에서는 나도 모르는 예언의 말이 나왔다. 내가 너를 나의 영광을 위하여 불렀다는 등 하여간 내가 생각지도 아니한 말들이 내 입에서 쏟아져 나왔다. 금식을 한 지 이틀 만에 기운이 빠지고 힘이 없어서 차를 몰고 기도원 근처 LAKE STREET 라고 쓰여진 곳을 드라이브하러 들어가는데 긴 커브를 돌자 파란 하늘에 하얀 구름등이 보이면서 가로수길이 직선으로 펼쳐져 있었다.

그런데 그 길에 갑자기 하나님의 영광이 쾅하고 내려앉은 것이다.

내 앞에 말이다. 갑자기 나는 운전을 할 수 없었다. 차를 길 옆에 세웠다.

더 이상 운전할 수가 없었다. 왜냐하면 내 앞에 하나님의 영광이 쾅하고 내려앉았기 때문이다. 투명한 벽 같았다. 뚫고 지나갈 수 없는 경외감과 두려움이 앞서는 그러나 나는 즉시 그것이 하나님의 영광이라는 사실을 알고 있었다.

　나는 그 영광이 없어지기 전에 하나님으로부터 말씀을 받기를 원했다.

　그래서 나는 하나님께 말했다. 하나님 나에게 말씀을 주시옵소서…. 왜냐하면 그 영광은 곧 없어질 것이나 나에게 말씀을 주시면 그것은 가져갈 수 있으니까 말이다.

　그리하였더니 하나님이 말씀하신다.

　상아야! 네, 내가 이 세상을 창조할 때에 반복하여 지은 적이 있더냐?

　이 말씀은 하나님이 한번 말씀하면 그대로 되었지 그대로 일어나지 아니하여 다시 말한 적이 있더냐 이 말씀이었다. 그래서 나는 아니요. 하나님이 한번 말씀하시면 그대로 되었어요. 라고 대답했다. 그랬더니 주님이 말씀하신다. 그렇듯이 내가 너에게 준 말은 절대로 번복하지 아니한다는 것이었다.

　할렐루야.

　그 순간 나는 생각했다. 주님이 내게 주신 말씀이 무엇인가를 ……

　그것은 주님이 나를 쓰시겠다고 한 것이었다.

　그래 맞아 주님이 이것을 번복하지 아니하시겠다는 것이구나 …………

그러나 그때는 나의 해석이 그랬으나 세월이 지나면서 그 때 하나님의 말씀이 다시 해석되었다. 그렇다. 성경에 주어진 모든 말씀을 번복하지 아니할 것이라는 것도 깨달아진 것이다. 할렐루야.

그리고서는 그렇게 하나님과 짧게 대화하고 나서는 길에 임하였던 그 영광이 사라져 버렸다.

그리고 난 후에 나는 저 안쪽까지 길로 들어갔다가 다시 돌아나오면서 조금 전에 하나님의 영광이 임한 장소에서 다시 한 번 그 영광을 느껴보려고 하였으나 그 영광은 없었다.

금식 3일째에 마지막 아침 예배를 마치고 내려오려고 예배시간에 들어갔다.

그런데 전도사님이 이사야 55장을 읽어 내려가시는데

또 한 번 하나님의 말씀이 내게 들어와 안 떨어지는 것이었다.

그 구절은

이사야 55장 12절 말씀이었다.

[사 55:12] 너희는 기쁨으로 나아가며 평안히 인도함을 받을 것이요 산들과 작은 산들이 너희 앞에서 노래를 발하고 들의 모든 나무가 손바닥을 칠 것이며

여기서도 특별히 '너희는 기쁨으로 나아가며 평안히 인도함을 받을 것이요' 라는 말씀이었다.

아니 내가 이번에 기도원 올라와서 금식하는 이유가 바로

'너희를 부르시는 이는 미쁘시나니 그가 또한 이루시리라' 라는 말씀 때문에 올라왔는데 내려갈 때 받아가는 말씀이

바로 '너희는 기쁨으로 나아가며 평안히 인도함을 받을 것이요' 라는 말씀이었다.

나는 너무나 놀랐다. 아니 이렇게 짝을 맞출 수가..........

나는 하나님이 어떻게 생기셨는지 모른다.

그러나 나는 이 두 말씀을 가지고 볼 때에 나는 나에게 하나님이 나타나지 아니하였다고 말할 수가 없다는 사실을 알았다.

나는 다시 가슴이 뛰기 시작하였다.

할렐루야 주님을 찬양합니다.

그래서 기도원에 올라가라고 하셨군요...........

그리고 나는 다시 놀랐다.

이사야 55장 11절 말씀은 바로 내가 어제 LAKE STREET에서 받은 말씀과 거의 동일하였다.

[사 55:11] 내 입에서 나가는 말도 헛되이 내게로 돌아오지 아니하고 나의 뜻을 이루며 나의 명하여 보낸 일에 형통하리라

그 전도사님은 오늘 이사야 55장8-12까지를 읽으시는 것이었다.

그런데 거기 있는 말씀들이 다시금 나를 놀라게 한 것이다.

나는 믿는다. 성령 하나님께서 그 장로님과 이 전도사님에게

꼭 나에게 맞는 말씀을 준비케 하셨다는 것을 그것도 시간과 때를 맞추어 말이다.

그래서 나는 기쁜 마음으로 기도원을 내려왔다.

나는 거의 7년 만에 신학을 졸업하고 나는 곧 목사안수를 받았다. 왜냐하면 교회개척을 해야 한다는 것이 주님으로부터 왔기 때문이다. 그리하여 로스엔젤레스에 있는 코리아타운에서 20분 정도 떨어진 글렌데일에서 주님의 사랑교회를 개척하게 되었다. 그리고 지금은 코리아타운에서 자그마한 교회를 하고 있다. 하나님의 명령을 기다리면서……언제 어디로 가라하시는 말씀을 듣기까지.

주님은 나에게 분명히 평안히 인도함을 받으라고 말씀하셨기 때문이다. 그래서 나는 지금도 늘 선교하는 마음으로 주의 일에 임하고 있는 것이다.

[사 55:8–13] (8)여호와의 말씀에 내 생각은 너희 생각과 다르며 내 길은 너희 길과 달라서 (9)하늘이 땅보다 높음 같이 내 길은 너희 길보다 높으며 내 생각은 너희 생각보다 높으니라 (10)비와 눈이 하늘에서 내려서는 다시 그리로 가지 않고 토지를 적시어서 싹이 나게 하며 열매가 맺게 하여 파종하는 자에게 종자를 주며 먹는 자에게 양식을 줌과 같이 (11)내 입에서 나가는 말도 헛되이 내게로 돌아오지 아니하고 나의 뜻을 이루며 나의 명하여 보낸 일에 형통하리라 (12)너희는 기쁨으로 나아가며 평안히 인도함을 받을 것이요 산들과 작은 산들이 너

희 앞에서 노래를 발하고 들의 모든 나무가 손바닥을 칠 것이며 (13)잣나무는 가시나무를 대신하여 나며 화석류는 질려를 대신하여 날 것이라 이것이 여호와의 명예가 되며 영영한 표징이 되어 끊어지지 아니하리라 하시니라 그러므로 염려하여 이르기를 무엇을 먹을까 무엇을 마실까 무엇을 입을까 하지 말라 이는 다 이방인들이 구하는 것이라 너희 천부께서 이 모든 것이 너희에게 있어야 할 줄을 아시느니라 너희는 먼저 그의 나라와 그의 의를 구하라 그리하면 이 모든 것을 너희에게 더하시리라 [마 6:31-33]

천국과 지옥 간증 책을 한글로 또 영어로도 펴내어져서 전세계적으로 복음의 도구가 될 수 있도록 여러분의 재물적인 후원이 필요합니다.

또 천국과 지옥 간증 집회를 통하여서도 많은 영혼들이 회개하고 구원받을수 있도록 여러분들의 후원이 필요합니다.

은혜받으신만큼 성령께서 인도하시는 대로 많은 영혼들이 구원받을 수 있도록 여러분의 정성어린 후원을 부탁드립니다.

※ 후원하신 모든 금액은 하나님나라 확장과 영혼구원사역에만 쓰여집니다.

후원계좌 :
Paypal Account : lordslovechristianchurch@yahoo.com

은행구좌 (Bank account) :
Lord's Love Christian Church
Bank of America
구좌번호 (Account #) : 000591241801
은행고유번호(Routing #) : 121000358
zip code: 90015

미국연락처 :
Tel : 323-702-1529
E-mail : sarahseoh@ymail.com

주님이 하셨습니다.
　　　모든 영광을 주님께..

서사라 목사의 천국과 지옥 간증수기 (제1권)

초판인쇄　　2014년 7월 25일

초판발행　　2014년 7월 30일

　2쇄　　2016년 4월 1일

　3쇄　　2016년 9월 22일

　4쇄　　2017년 8월 23일

　5쇄　　2020년 7월 12일

　6쇄　　2020년 10월 15일

　7쇄　　2023년 12월 1일

저　　자　서사라
펴 낸 이　최성열
디 자 인　심현옥
펴 낸 곳　하늘빛출판사
연 락 처　010-2284-3007
출판등록　제251-2011-38호
주　　소　충북 진천군 진천읍 중앙동로 16
이 메 일　csr1173@hanmail.net
I S B N　978-89-969185-3-0 (03230)
가　　격　12000원